| www.dongyangbooks.com

새로운 도서, 다양한 자료
동양북스 홈페이지에서 만나보세요!

홈페이지 활용하여 외국어 실력 두 배 늘리기!

홈페이지 이렇게 활용해보세요!

1 도서 자료실에서 학습자료 및
MP3 무료 다운로드!

2 동영상 강의를 어디서나 쉽게!
외국어부터 바둑까지!

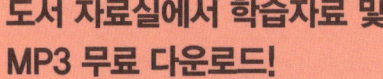

❶ 도서 자료실 클릭
❷ 검색어 입력
❸ MP3, 정답과 해설, 부가자료 등
   첨부파일 다운로드

* 원하는 자료가 없는 경우 '요청하기' 클릭!

500만 독자가 선택한

가장 쉬운
독학 일본어 첫걸음
14,000원

가장 쉬운
독학 중국어 첫걸음
14,000원

가장 쉬운
프랑스어 첫걸음의 모든 것
17,000원

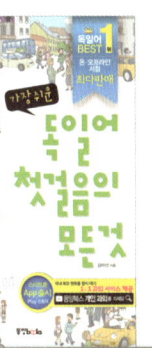

가장 쉬운
독일어 첫걸음의 모든 것
18,000원

가장 쉬운
스페인어 첫걸음의 모든 것
14,500원

버전업! 가장 쉬운
베트남어 첫걸음
16,000원

버전업! 가장 쉬운
태국어 첫걸음
16,800원

가장 쉬운
러시아어 첫걸음의 모든 것
16,000원

가장 쉬운
이탈리아어 첫걸음의 모든 것
17,500원

첫걸음 베스트 1위!

가장 쉬운
포르투갈어 첫걸음의 모든 것
18,000원

가장 쉬운
터키어 첫걸음의 모든 것
16,500원

버전업! 가장 쉬운
아랍어 첫걸음
18,500원

가장 쉬운
인도네시아어 첫걸음의 모든 것
18,500원

가장 쉬운
영어 첫걸음의 모든 것
16,500원

버전업! 굿모닝
독학 일본어 첫걸음
14,500원

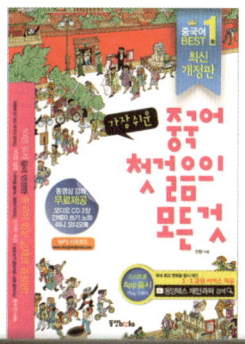

가장 쉬운
중국어 첫걸음의 모든 것
14,500원

동양북스
www.dongyangbooks.com
m.dongyangbooks.com

중국어뱅크

베이식스

초보 탈출 4주 완성 프로젝트!

중국어 STEP 2

김보름 · 김로운 · 김주경 · 서명명 지음

동양북스

초판 1쇄 인쇄 | 2018년 1월 5일
초판 1쇄 발행 | 2018년 1월 10일

지은이 | 김보름, 김로운, 김주경, 서명명
발행인 | 김태웅
편집장 | 강석기
책임 편집 | 김효수
디자인 | 서진희
마케팅 총괄 | 나재승
마케팅 | 서재욱, 김귀찬, 이종민, 오승수, 조경현
온라인 마케팅 | 김철영, 양윤모
제　작 | 현대순
총　무 | 전민정, 안서현, 최여진, 강아담
관　리 | 김훈희, 이국희, 김승훈, 이규재

발행처 | (주)동양북스
등　록 | 제2014-000055호
주　소 | 서울시 마포구 동교로 22길 12 (04030)
전　화 | (02)337-1737
팩　스 | (02)334-6624

www.dongyangbooks.com

ISBN 979-11-5768-324-6 14720
　　　979-11-5768-296-6 (세트)

ⓒ 2018, 김보름·김로운·김주경·서명명

▶ 본 책은 저작권법에 의해 보호를 받는 저작물이므로 무단 전재와 복제를 금합니다.
▶ 잘못된 책은 구입처에서 교환해 드립니다.

이 도서의 국립중앙도서관 출판예정도서목록(CIP)은 서지정보유통지원시스템 홈페이지(http://seoji.go.kr)와
국가자료공동목록시스템(http://www.nl.go.kr/kolisnet)에서 이용하실 수 있습니다.
(CIP제어번호: 2017032139)

머리말

최근 중국어를 배우려는 학습자들이 늘었다고는 하나 중국어 학습방법 및 실력은 예전보다 월등히 나아지지 않았다.

그 이유는 무엇일까?
획일화된 교재를 통한 일률적인 교육이 그 원인이지 않을까 싶다.

그리하여 본 저자는 현재까지의 중국어 교육(온/오프라인)을 받아온 수많은 학습자의 사례들을 연구하고 학습 도중 겪고 있는 강사 및 학습자들의 고충을 귀담아 새롭게 변화된 내용으로 다양하게 본 교재를 구성해 보았다.

어떤 이는 중국여행이나 출장으로 회화의 필요성을 느끼고,
어떤 이는 유학이나 취업 등을 위해 자격증 취득을 목표로 삼을 수도 있고,
어떤 이는 자기 계발 혹은 취미로 중국어를 배우려 할 것이다.

어떤 이가 선택하든 시작할 때 가지고 있었던 목표까지 쉽고 편하게 다가갈 수 있는 본 교재는 호기심이나 흥미로 시작하여 자격증까지 취득할 수 있는 시험 어휘 수록, 현실감 넘치는 일상회화와 Biz회화 내용을 담은 본문으로 구성하여 편안하게 어법과 회화를 훈련할 수 있는 교재임은 틀림없을 것이다.

본 교재를 출판하기에 앞서 기회를 제공해 주신 YBM 전 원장님 및 수많은 조력자분들(유수, 梁红, 沈英琴)께 깊은 감사의 말씀을 드리며, 앞으로 중국어를 시작하게 될 무수한 학습자들이 용기를 내는데 일조할 수 있기를 희망한다.

저자 드림

차례

머리말 · 3
차례 · 4
이 책의 구성 및 특징 · 6
계절별 추천 여행지 · 8

Lesson 01 你常常吃快餐吗? 당신은 자주 패스트푸드를 먹나요? · 10

Lesson 02 开得很好。 운전을 잘해요. · 20

Lesson 03 去过一次。 한 번 가 본 적이 있어요. · 30

Lesson 04 要等一个小时。 1시간 기다려야 해요. · 40

Lesson 05 吃光了。 다 먹었어요. · 50

복습하기 **Lesson 01 ~ Lesson 05** · 60

Lesson 06 我带小狗去。 나는 강아지를 데리고 가요. · 68

Lesson 07 都看得懂吗? 보고 다 이해할 수 있나요? · 78

Lesson 08 已经把机票买好了。 이미 비행기 표를 샀어요. · 88

Lesson 09 被雨淋了。 비를 맞았어요. · 98

Lesson 10 她比以前瘦了一点儿。
그녀는 이전보다 살이 좀 빠졌어요. · 108

복습하기 **Lesson 06 ~ Lesson 10** · 118

모범 답안 및 찾아보기 · 126
인용 자료 · 138

이 책의 구성 및 특징

『베이시스 중국어 STEP 2』는 두 권으로 이루어진 『베이시스 중국어』 시리즈의 그 두 번째 단계로 다음과 같이 구성하였습니다. 본 책을 중심으로 학습하면서 '오디오북'과 'MP3 파일'도 함께 활용하세요.

 본문

▶▶▶ **시작 페이지**
본격적인 학습에 앞서 제목과 학습 목표로 배울 내용을 미리 파악할 수 있습니다.

▶▶▶ **새 단어**
본문에 나오는 단어를 미리 확인할 수 있습니다.

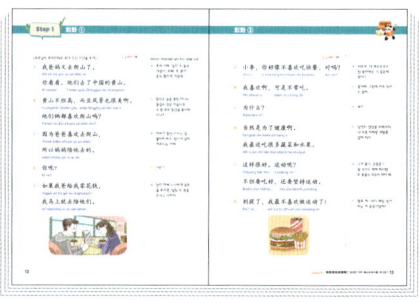

▶▶▶ **회화 1, 2**
『베이시스 중국어』의 회화는 일반 교재와 차별화하여 '일상생활' 중심의 회화뿐만 아니라 'Biz 회화'를 넣어 구성하였습니다.
학습자가 자신의 상황에 필요한 회화를 스스로 선택하여 자연스러운 중국어 표현을 학습하도록 하였습니다.

▶▶▶ **문법**
중국어 학습자에게 꼭 필요한 문법만 뽑아 정리하였습니다.

▶▶▶ **패턴 연습**
단어 및 문장을 교체하여 주요 회화 문장을 익힐 수 있으며, 다양한 표현을 확장 연습할 수 있도록 하였습니다.

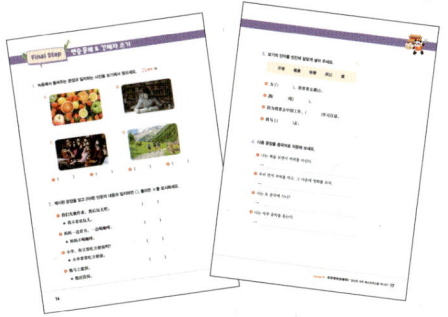

▶▶▶ **연습 문제**

HSK, TSC, OPIC 등 시험 유형을 토대로 구성하여 학습자의 듣기-읽기-쓰기-말하기 실력을 종합적으로 향상시킬 수 있습니다.

▶▶▶ **간체자 쓰기**

본문에 나왔던 단어를 선별하여 따라 써 볼 수 있게 하였습니다.

▶▶▶ **플러스 단어**

매 과 마지막에 플러스 단어를 수록하였습니다.
플러스 단어 역시 MP3 녹음이 되어 있으므로 녹음을 들으며 따라 말하는 연습을 해 보세요.

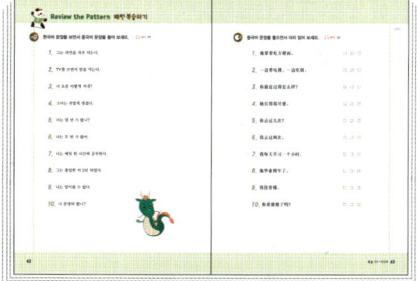

 **복습하기**

▶▶▶ **패턴, 대화, 읽기 연습하기**

각 복습과에서는 01~05과 / 06~10과에 나왔던 내용을 반복 연습하고, 문제를 풀어 보며 복습할 수 있게 구성하였습니다.

  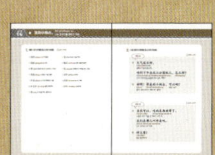

본 책에 나온 단어와 회화를 들고 다니며, 복습할 수 있도록 따로 정리하였습니다.

본문과 오디오북에 들어가는 내용의 MP3 파일은 홈페이지(www.dongyangbooks.com)에서 별도의 회원가입 없이 무료로 다운로드 하실 수 있습니다.

계절별 추천 여행지

▶▶▶ 쿤밍(昆明)

사계절이 봄과 같아 '춘성(春城)'이라 불리는 쿤밍! 2월 말에서 3월까지는 흐드러지게 핀 유채꽃과 벚꽃, 4월 말에서 5월 초까지는 철쭉을 감상할 수 있습니다. 쿤밍의 '석림(石林)'이 가 볼 만한 대표 관광지입니다.

석림(石林)

졸정원(拙政园)　　서호(西湖)

▶▶▶ 쑤저우(苏州) · 항저우(杭州)

중국 강남 지역에 위치한 쑤저우와 항저우는 온난한 기후와 물산이 풍부하여 예부터 "하늘에는 천당, 땅에는 쑤저우와 항저우가 있다(天上天堂, 地下苏杭)"라고 했을 만큼 살기 좋은 지역입니다. 쑤저우의 '졸정원(拙政园)'과 항저우의 '서호(西湖)'가 가 볼 만한 대표 관광지입니다.

▶▶▶ 칭다오(青岛)

산둥반도의 해변 도시인 칭다오는 우리에게 맥주로도 익숙합니다. 매년 8월 중순경에 칭다오 국제 맥주 축제가 열리며, 이 시기에는 바닷물의 온도가 따뜻해 해수욕을 즐기기에도 좋습니다.

칭다오(青岛)

피서산장(避暑山庄)

▶▶▶ 청더(承德)

허베이성에 있는 '피서산장(避暑山庄)'은 청나라 황제가 더위를 피해 머물렀던 여름궁전입니다. 연암 박지원의 『열하일기(熱河日記)』의 '열하'가 피서산장을 뜻합니다.

▶▶▶ **베이징**(北京)

중국의 수도 베이징은 옛 왕국의 화려한 유적과 유물 그리고 현대 문명을 모두 느낄 수 있는 도시로 가을이 일년 중 여행하기에 가장 좋습니다. '천안문(天安门), 이화원(颐和园), 만리장성(长城)'이 가 볼 만한 대표 관광지입니다.

만리장성(长城)

천안문(天安门)

▶▶▶ **장자제**(张家界)

후난성에 위치한 장자제는 국가산림공원으로 중국의 대표적인 관광지 중 하나입니다. 가을에 장자제를 가면 곳곳이 단풍으로 물들어 수려한 자연 경관을 감상할 수 있습니다.

장자제(张家界)

▶▶▶ **샤먼**(厦门)

푸젠성에 위치한 샤먼은 항구 도시로 '중국의 지중해'라 불립니다. 여름은 덥고 습하며 겨울은 상대적으로 따뜻합니다. 샤먼의 '구랑위(鼓浪屿)'가 가 볼 만한 대표 관광지입니다.

구랑위(鼓浪屿)

하얼빈(哈尔滨)

▶▶▶ **하얼빈**(哈尔滨)

헤이룽장성에 위치한 하얼빈은 사계절 중 겨울이 가장 깁니다. 매년 1-2월에 눈과 얼음의 축제인 빙등제가 열리며, 다양한 종류의 대형 얼음 조각품과 볼거리를 제공합니다.

Lesson 01

你常常吃快餐吗?
Nǐ chángcháng chī kuàicān ma?

당신은 자주 패스트푸드를 먹나요?

| 학습 목표 | 부사
접속사 |

Warm-Up 새 단어

🎧 MP3 - 01

- 又 yòu 🔵 또, 다시, 거듭
- 爬山 pá shān 등산하다
- 不但…而且… búdàn… érqiě…
  🔵 ~뿐만 아니라 ~도
- 风景 fēngjǐng 🔵 풍경, 경치
- 美 měi 🔵 좋다, 훌륭하다
- 俩 liǎ 🔵 두 사람
- 因为…所以… yīnwèi… suǒyǐ…
  🔵 ~하기 때문에 ~하다
- 陪 péi 🔵 모시다, 동반하다
- 如果 rúguǒ 🔵 만약, 만일
- 给 gěi 🔵 ~에게
- 零花钱 línghuāqián 🔵 용돈, 사소한 비용
- 马上 mǎshàng 🔵 곧, 즉시, 바로
- 好像 hǎoxiàng 🔵 마치 ~인 것 같다

- 快餐 kuàicān 🔵 간편 음식, 패스트푸드
- 可是 kěshì 🔵 그러나, 하지만
- 常 cháng 🔵 늘, 자주, 항상
- 当然 dāngrán 🔵 당연히, 물론
- 为了 wèile 🔵 ~하기 위하여, ~을 위하여
- 健康 jiànkāng 🔵 건강
- 蔬菜 shūcài 🔵 채소, 야채
- 水果 shuǐguǒ 🔵 과일, 과실
- 这样 zhèyàng 🔵 이렇다, 이와 같다
- 运动 yùndòng 🔵 운동
- 坚持 jiānchí 🔵 지속하다, 견지하다
- 别提了 bié tí le 말도 마라
- 黄山 Huángshān 🔵 황산

Lesson 01 你常常吃快餐吗? 당신은 자주 패스트푸드를 먹나요?

Step 1 회화 ①

(부모님이 휴대전화로 보내 주신 사진을 보며) 　　　MP3 – 02

A 我爸妈又去爬山了。
　　Wǒ bà mā yòu qù pá shān le.

　　你看看。他们去了中国的黄山。
　　Nǐ kànkan.　　Tāmen qùle Zhōngguó de Huángshān.

B 黄山不但高，而且风景也很美啊。
　　Huángshān búdàn gāo, érqiě fēngjǐng yě hěn měi a.

　　他们俩都喜欢爬山吗？
　　Tāmen liǎ dōu xǐhuan pá shān ma?

A 因为爸爸喜欢去爬山，
　　Yīnwèi bàba xǐhuan qù pá shān,

　　所以妈妈陪他去的。
　　suǒyǐ māma péi tā qù de.

B 你呢？
　　Nǐ ne?

A 如果我爸给我零花钱，
　　Rúguǒ wǒ bà gěi wǒ línghuāqián,

　　我马上就去陪他们。
　　wǒ mǎshàng jiù qù péi tāmen.

(부모님이 휴대전화로 보내 주신 사진을 보며)

A 우리 아빠, 엄마 또 등산 가셨어. 봐봐. 두 분이 중국 황산에 가셨대.

B 황산은 높을 뿐만 아니라 풍경도 정말 아름다워. 두 분 모두 등산을 좋아하시니?

A 아빠가 등산 가시는 걸 좋아하셔서, 엄마가 같이 가주시는 거야.

B 너는?

A 만약 아빠가 나에게 용돈을 주시면, 당장 두 분을 모시고 가야지.

회화 ②

MP3 - 03

A 小李，你好像不喜欢吃快餐，对吗?
Xiǎo Lǐ, nǐ hǎoxiàng bù xǐhuan chī kuàicān, duì ma?

B 我喜欢啊，可是不常吃。
Wǒ xǐhuan a, kěshì bù cháng chī.

A 为什么?
Wèishénme?

B 当然是为了健康啊。
Dāngrán shì wèile jiànkāng a.

我最近吃很多蔬菜和水果。
Wǒ zuìjìn chī hěn duō shūcài hé shuǐguǒ.

A 这样很好。运动呢?
Zhèyàng hěn hǎo. Yùndòng ne?

不但要吃好，还要坚持运动。
Búdàn yào chīhǎo, hái yào jiānchí yùndòng.

B 别提了，我最不喜欢做运动了!
Bié tí le, wǒ zuì bù xǐhuan zuò yùndòng le!

A 샤오리, 너 패스트푸드 안 좋아하는 거 같은데, 맞지?

B 좋아해. 그런데 자주 먹지는 않아.

A 왜?

B 당연히 건강을 위해서지. 나 요즘 야채랑 과일을 많이 먹어.

A 그거 좋다. 운동은? 잘 먹기도 해야 하지만, 또 운동도 꾸준히 해야 해.

B 말도 마, 내가 제일 싫어하는 게 운동이잖아!

Lesson 01 你常常吃快餐吗? 당신은 자주 패스트푸드를 먹나요?

Step 2 문법

1 부사

부사란 주로 동사나 형용사 술어 앞에서 '동작의 시간, 정도, 빈도, 범위, 부정, 상태, 어기'를 나타내는 품사이며, 술어나 문장 전체를 수식하는 부사어로 사용합니다.

{ 주어 + [부사] + 술어 + (목적어) }

시간부사	시간을 나타내는 부사	刚 / 马上 / 才 / 已经
정도부사	동작/상태의 정도를 나타내는 부사	真 / 最 / 更 / 有点儿
빈도부사	동작의 횟수(빈도)를 나타내는 부사	常常 / 又 / 再 / 还
범위부사	동작의 범위를 제한하는 부사	一起 / 一共 / 都
부정부사	부정을 나타내는 부사	别 / 没 / 不
상태부사	동작/상태의 상황을 나타내는 부사	突然
어기부사	말의 어기를 나타내는 부사	到底

2 접속사

접속사란 문장과 문장 사이에서 두 성분을 이어주는 단어로 '전환, 점층, 가정, 조건, 인과' 등을 나타냅니다.

전환	虽然 A，但是 B	비록 A이지만, 그러나 B이다
점층	不但 A，而且(还) B	A일 뿐만 아니라, 게다가 B이다
가정	如果 A (的话)，B	만약 A라면, B이다
나열	一边 A，一边 B	A 하면서 동시에 B하다
인과	因为 A，所以 B	A이기 때문에, 그래서 B이다
연속	先 A，然后 B	먼저 A이고, 그 다음에 B이다

Step 3 패턴 연습

🎧 MP3 - 04

1
朋友	刚	到机场。
这件衣服	有点儿	贵。
他	常常	吃方便面。
我们班同学	都	来了。
你	别	睡觉。

📖 **보충단어**

机场 jīchǎng 명 공항

件 jiàn 양 벌(의류를 세는 단위)

方便面 fāngbiànmiàn 명 라면

2
虽然	漂亮,	但是	有点儿贵。
不但	下雨,	而且	风也很大。
如果	有钱(的话),		要买一辆车。
一边	喝酒,	一边	聊天儿。
因为	感冒,	所以	不能上课。

📖 **보충단어**

风 fēng 명 바람

辆 liàng 양 대, 량(차량을 세는 단위)

感冒 gǎnmào 동 감기에 걸리다

Lesson 01 你常常吃快餐吗? 당신은 자주 패스트푸드를 먹나요?

Final Step 연습 문제 & 간체자 쓰기

1. 녹음에서 들려주는 문장과 일치하는 사진을 보기에서 찾으세요. 🎧 MP3-05

   A  B

   C  D

   ❶ (　　　)   ❷ (　　　)   ❸ (　　　)   ❹ (　　　)

2. 제시된 문장을 읽고 (아래) 단문의 내용과 일치하면 ○, 틀리면 ×를 표시하세요.

   ❶ 我们先做作业，然后玩儿吧。　　　(　　　)
   　★ 我不喜欢玩儿。

   ❷ 妈妈一边看书，一边喝咖啡。　　　(　　　)
   　★ 妈妈不喝咖啡。

   ❸ 小李，你又要吃方便面吗？　　　(　　　)
   　★ 小李常常吃方便面。

   ❹ 他马上就到。　　　(　　　)
   　★ 他还没到。

3. 보기의 단어를 빈칸에 알맞게 넣어 주세요.

   > 不常　　健康　　快餐　　所以　　就

   ① 为了(　　　)，我常常去爬山。

   ② 我(　　　)吃(　　　)。

   ③ 因为我要去中国工作，(　　　)学习汉语。

   ④ 我马上(　　　)去。

4. 다음 문장을 중국어로 작문해 보세요.

   ① 나는 책을 보면서 커피를 마신다.

   → _____

   ② 우리 먼저 저녁을 먹고, 그 다음에 영화를 보자.

   → _____

   ③ 너는 또 중국에 가니?

   → _____

   ④ 나는 음악을 자주 듣는다.

   → _____

5. 다음 단어를 따라 써 보세요.

획순		爫爫爫爫爫爫爫爫爬 / 丨 山 山
爬山 pá shān 등산하다	爬　山 pá shān	

획순		凡 几 风 风 / 景 景 景 景 景 景 景 景 景 景 景 景
风景 fēngjǐng 경치	风　景 fēngjǐng	

획순		女 女 好 好 好 好 / 亻 亻 亻 伫 伫 像 像 像 像
好像 hǎoxiàng 마치 ~인 것 같다	好　像 hǎoxiàng	

획순		忄 忄 忄 忄 快 快 / 夕 夕 夕 夕 奴 奴 奴 餐 餐 餐 餐 餐
快餐 kuàicān 패스트푸드	快　餐 kuàicān	

획순		亻 亻 亻 亻 伊 伊 健 健 健 / 广 广 广 庐 庐 康 康 康 康
健康 jiànkāng 건강	健　康 jiànkāng	

Warm-Down 플러스 단어

➕ 你常常去**麦当劳**吗? 당신은 맥도날드에 자주 가세요? 🎧 MP3-06

麦当劳 Màidāngláo 맥도날드	星巴克 Xīngbākè 스타벅스
肯德基 Kěndéjī KFC	鼎泰丰 Dǐngtàifēng 딘타이펑
汉堡王 Hànbǎowáng 버거킹	贡茶 Gòng Chá 공차
易买得 Yìmǎidé 이마트	家乐福 Jiālèfú 까르푸

Lesson 02

开得很好。
Kāi de hěn hǎo.

운전을 잘해요.

학습 목표 | 정도보어
　　　　　　　형용사중첩

Warm-Up 새 단어

🎧 MP3 - 07

- □ 过 guò 동 지내다, 보내다
- □ 得 de 조 동사, 형용사 뒤에 쓰여 결과나 정도를 나타내는 보어를 연결함
- □ 还可以 hái kěyǐ 괜찮아, 그런대로
- □ 已经 yǐjīng 부 이미, 벌써
- □ 驾照 jiàzhào 명 운전면허증
- □ 考官 kǎoguān 명 시험 감독관
- □ 兜风 dōufēng 동 드라이브하다, 바람을 쐬다
- □ 婚礼 hūnlǐ 명 결혼식, 혼례
- □ 怎么办 zěnmebàn 어떡하지?, 어쩌지?

- □ 从 cóng 개 ~부터, ~을 기점으로
- □ 得 děi 조동 ~해야 한다
- □ 机场 jīchǎng 명 공항, 비행장
- □ 接 jiē 동 마중하다
- □ 侄女 zhínǚ 명 조카딸(형제자매의 딸)
- □ 长 zhǎng 동 나다, 생기다
- □ 照片 zhàopiàn 명 사진
- □ 哇 wā 의성 와우!, 와!
- □ 眼睛 yǎnjing 명 눈

Step 1 회화 ①

🎧 MP3 - 08

A 你最近过得好吗?
Nǐ zuìjìn guò de hǎo ma?

B 还可以。你呢? 过得怎么样?
Hái kěyǐ.　Nǐ ne?　Guò de zěnmeyàng?

听说你在学开车?
Tīngshuō nǐ zài xué kāichē?

A 我已经拿到驾照了,
Wǒ yǐjīng nádào jiàzhào le,

考官说我开得很好。
Kǎoguān shuō wǒ kāi de hěn hǎo.

B 那我们去兜风吧!
Nà wǒmen qù dōufēng ba!

A 너 요즘 잘 지내니?

B 그럭저럭 지내. 너는?
어떻게 지내?
운전 배우고 있다며?

A 면허는 이미 땄고,
시험 감독관이 나 운전
잘한다고 했어.

B 그럼 우리 드라이브
가자!

회화 ②

🎧 MP3 - 09

A 小李，你也参加李部长的婚礼吧？
Xiǎo Lǐ, nǐ yě cānjiā Lǐ bùzhǎng de hūnlǐ ba?

B 怎么办？我不能去了。
Zěnmebàn? Wǒ bù néng qù le.

我姐从美国回来，我得去机场接她。
Wǒ jiě cóng Měiguó huílái, wǒ děi qù jīchǎng jiē tā.

A 那你的侄女也会来吗？
Nà nǐ de zhínǚ yě huì lái ma?

她长得很可爱吧？
Tā zhǎng de hěn kě'ài ba?

B 我给你看看照片。
Wǒ gěi nǐ kànkan zhàopiàn.

A 哇，她眼睛大大的，长得真可爱。
Wā, tā yǎnjing dàdà de, zhǎng de zhēn kě'ài.

A 샤오리, 너도 이 부장님 결혼식 참석하지?

B 어떡하지? 나 못 가.
언니가 미국에서 와서, 공항에 마중 가야 해.

A 그럼 네 조카도 오겠네?
네 조카 귀엽게 생겼지?

B 내가 사진 보여줄게.

A 와, 눈이 아주 크고, 정말 귀엽게 생겼다.

Lesson 02 开得很好。운전을 잘해요.

Step 2 문법

1 정도보어

정도보어란 술어(동사/형용사)가 어떤 상태인지, 어떤 모습인지를 보충 설명하며 술어 뒤에 '得'를 써서 연결합니다. 부정문은 술어가 아닌 정도보어 앞에 반드시 부정부사가 와야 하며, 정반의문문일 경우에도 술어를 반복해 써 주는 것이 아니라 정도보어 부분을 '긍정+부정' 형식으로 문장을 만들어야 합니다.

[긍정문]   주어 + 술어 + 得 + 정도보어
[부정문]   주어 + 술어 + 得 + 不 + 정도보어
[평서의문문] 주어 + 술어 + 得 + 정도보어 + 吗?(=怎么样?)
[정반의문문] 주어 + 술어 + 得 + 정도보어 + 不 + 정도보어?

술어 뒤에 목적어가 올 경우 아래와 같은 형식이며, 앞에 나온 술어는 생략이 가능합니다.

[긍정문] 주어 + (술어) + 목적어 + 술어 + 得 + 정도보어

정도보어에서는 위의 기본구조 외에 '得'를 사용하지 않고도 동작이나 상태의 정도가 극에 달했음을 나타낼 수 있습니다.

술어 + 极了 jí le / 死了 sǐ le / 多了 duō le

2 형용사중첩

형용의 정도를 강하게 표현하고자 할 때 형용사를 중첩하여 사용합니다. 중첩한 형용사를 부사어로 사용할 경우, 뒤에 구조조사 '地'를 붙이며 명사를 수식하거나 술어로 쓰일 때는 끝에 '的'를 붙입니다.

★ 단어나 구가 부사어로 쓰여, 동사, 형용사를 수식할 경우에 쓰입니다.

1음절	AA	小小 / 重重
2음절	AABB	漂漂亮亮 / 清清楚楚

 형용사를 중첩하면 '很'이나 '非常' 등의 부사와 함께 쓰일 수 없습니다.

Step 3　패턴 연습

🎧 MP3 - 10

1　老师　说得有意思吗　？
　　　　　说得很流利　。
　　　　　说得不太快　。

> **보충단어**
> 流利 liúlì 형 (말/문장이) 유창하다, 막힘 없다

2　她　看小说　看得很快。
　　　　游泳　游得不太好。
　　　　做菜　做得很香。

> **보충단어**
> 小说 xiǎoshuō 명 소설
> 游泳 yóuyǒng 동 수영하다, 헤엄치다
> 香 xiāng 형 (음식이) 맛있다

3　眼睛　大大的　, 真漂亮。
　　　　鼻子　高高的　, 真好看。
　　　　兔子　小小的　, 真可爱。

> **보충단어**
> 鼻子 bízi 명 코
> 兔子 tùzi 명 토끼

Final Step 연습 문제 & 간체자 쓰기

1. 녹음에서 들려주는 문장과 일치하는 사진을 보기에서 찾으세요. 🎧 MP3–11

   A    B

   C    D

   ❶ (   )   ❷ (   )   ❸ (   )   ❹ (   )

2. 제시된 문장을 읽고 (아래) 단문의 내용과 일치하면 ○, 틀리면 ×를 표시하세요.

   ❶ 听说他开车开得很好。   (   )
   　★ 他开得不太好。

   ❷ 我过得还可以。   (   )
   　★ 我过得很不好。

   ❸ 他汉语说得非常好。   (   )
   　★ 他的汉语水平很高。

   ❹ 妈妈做饭做得很好。   (   )
   　★ 妈妈做的饭很好吃。

3. 보기의 단어를 빈칸에 알맞게 넣어 주세요.

> 得　　快　　不　　还可以

① 她长(　　)可爱吧?

② 我吃得(　　)多。

③ 他唱得(　　)。

④ 老师说得(　　)吗?

4. 제시된 단어를 어순에 알맞게 배열하세요.

① 汉语　　说得　　他　　说　　很好

→ _____

② 多　　吃　　你　　不多　　得

→ _____

③ 不　　说　　得　　老师　　快

→ _____

④ 得　　他　　怎么样　　长

→ _____

5. 다음 단어를 따라 써 보세요.

획순		
兜风 dōufēng 드라이브하다	兜 风 dōufēng	⺈ 亻 亼 白 白 甶 甶 甶 兜 / 丿 几 凤 风

획순		
婚礼 hūnlǐ 결혼식	婚 礼 hūnlǐ	婚 婚 婚 婚 婚 婚 婚 婚 婚 婚 / 礻 礼 礼 礼 礼

획순		
机场 jīchǎng 공항	机 场 jīchǎng	机 机 机 机 机 机 / 场 场 场 场 场 场

획순		
接 jiē 마중하다	接 jiē	接 接 接 接 接 接 接 接 接 接 接

획순		
眼睛 yǎnjing 눈	眼 睛 yǎnjing	眼 眼 眼 眼 眼 眼 眼 眼 眼 眼 / 睛 睛 睛 睛 睛 睛 睛 睛 睛 睛

Warm-Down 플러스 단어

+ 你保龄球打得好吗? 당신 볼링 잘 치세요? 🎧 MP3-12

排球 páiqiú 배구

篮球 lánqiú 농구

棒球 bàngqiú 야구

羽毛球 yǔmáoqiú 배드민턴

保龄球 bǎolíngqiú 볼링

高尔夫球 gāo'ěrfūqiú 골프

乒乓球 pīngpāngqiú 탁구

足球 zúqiú 축구

打 dǎ 치다(손으로 하는 구기 종목)

踢 tī 차다(발로 하는 구기 종목)

Lesson 03

去过一次。
Qùguo yí cì.

한 번 가 본 적이 있어요.

학습 목표	동량보어 동량사

Warm-Up 새 단어

🎧 MP3 – 13

- 暑假 shǔjià 명 여름 방학, 여름 휴가
- 还 hái 부 여전히, 아직도
- 这次 zhè cì 이번, 금번
- 真的 zhēn de 정말로
- 打算 dǎsuàn 동 ~할 생각이다(작정이다)
- 不过 búguò 접 그러나
- 哈哈 hāhā 의성 하하(웃음 소리)
- 羊 yáng 명 양
- 肉 ròu 명 고기

- 串儿 chuànr 명 꼬치
- 味道 wèidao 명 맛
- 不错 búcuò 형 좋다, 괜찮다, 잘하다
- 地道 dìdao 형 진짜의, 본고장의
- 一边…一边… yìbiān…yìbiān… 부 ~하면서 ~하다
- 烤 kǎo 동 (불에 쬐어) 말리다, 굽다
- 上海 Shànghǎi 고유 상하이
- 迪士尼乐园 Díshìní Lèyuán 고유 디즈니랜드

Step 1 회화 ①

A 这个暑假你要做什么？
Zhège shǔjià nǐ yào zuò shénme?

B 我还没去过中国，
Wǒ hái méi qùguo Zhōngguó,

所以这次我想去上海。
suǒyǐ zhè cì wǒ xiǎng qù Shànghǎi.

A 真的吗？我也打算去上海。
Zhēn de ma? Wǒ yě dǎsuàn qù Shànghǎi.

B 你已经去过很多次了吧？
Nǐ yǐjīng qùguo hěn duō cì le ba?

A 对，不过我还没去过迪士尼乐园呢。
Duì, búguò wǒ hái méi qùguo Díshìní Lèyuán ne.

哈哈。
Hāhā.

A 이번 여름 휴가 때 뭐 할 거야?

B 나 아직 중국에 가 본 적이 없어서, 이번에 상하이에 갈 생각이야.

A 진짜? 나도 상하이에 가려고 하는데.

B 너 이미 많이 가 봤잖아.

A 맞아, 그런데 디즈니랜드는 아직 안 가 봤거든. 하하.

회화 ②

🎧 MP3-15

A 你吃过羊肉串儿吗?
Nǐ chīguo yángròu chuànr ma?

B 我一次也没吃过羊肉。味道怎么样?
Wǒ yí cì yě méi chīguo yángròu. Wèidao zěnmeyàng?

A 很不错! 那家的中国菜很地道。
Hěn búcuò! Nà jiā de Zhōngguócài hěn dìdao.

一边烤一边吃。你会喜欢的。
Yìbiān kǎo yìbiān chī. Nǐ huì xǐhuan de.

B 那我们去那儿吃吧。我也想尝一尝。
Nà wǒmen qù nàr chī ba. Wǒ yě xiǎng cháng yi cháng.

A 너 양꼬치 먹어 봤어?

B 양고기 한 번도 안 먹어 봤어. 맛이 어때?

A 정말 맛있어! 저 집의 중국 요리가 제대로야. 구우면서 먹는 건데, 네가 분명 좋아할 거야.

B 그럼 우리 거기 가서 먹자. 나도 한번 먹어 보고 싶어.

Lesson 03 去过一次。한 번 가 본 적이 있어요.

1 동량보어

동량보어는 술어 뒤에 동량사와 수사를 결합하여 동작의 횟수를 나타냅니다.
★동작 또는 변화한 횟수를 나타내는 양사를 말합니다.

[긍정문] 주어 + 술어(了/过) + 동량보어
[부정문] 주어 + 동량보어 + (也/都) + 没 + 술어

(1) 동량사의 종류

次	cì	반복한 동작의 횟수(~번, ~차례)
回	huí	'次'와 같은 뜻으로 회화에서 많이 쓰임(~번)
遍	biàn	행위의 시작부터 끝까지의 전 과정(~번)
趟	tàng	왕복의 횟수(~번)
场	chǎng	시합, 공연 등이 완벽히 한 번 진행된 횟수(~편, ~번)

(2) 목적어의 위치

목적어가 일반명사일 경우 동량보어는 목적어 앞에 옵니다.

주어 + 술어(了/过) + 동량보어 + 목적어(일반명사)

목적어가 대명사일 경우 동량보어는 목적어 뒤에 옵니다.

주어 + 술어(了/过) + 목적어(대명사) + 동량보어

인명과 지명이 목적어일 경우 동량보어 앞뒤에 모두 올 수 있습니다.

주어 + 술어(了/过) + 목적어(인명, 지명) + 동량보어
주어 + 술어(了/过) + 동량보어 + 목적어(인명, 지명)

Step 3 패턴 연습

🎧 MP3-16

1
搬　　两次。
回答　五六次。
迟到　很多次。

보충단어
搬 bān 동 옮기다
回答 huídá 동 대답하다
迟到 chídào 동 지각하다

2
我听过　三次。
你再说　一遍。
他要去　一趟。

3
你去过几次　济州岛？
我看过三次　中国电影。
我们读过五遍　课文。

보충단어
济州岛 Jìzhōudǎo 고유 제주도
读 dú 동 읽다, 낭독하다
课文 kèwén 명 (교과서의) 본문

Final Step — 연습 문제 & 간체자 쓰기

1. 녹음에서 들려주는 문장과 일치하는 사진을 보기에서 찾으세요. 🎧 MP3 – 17

A

B

C

D

❶ (　　　)　　❷ (　　　)　　❸ (　　　)　　❹ (　　　)

2. 제시된 문장을 읽고 (아래) 단문의 내용과 일치하면 ○, 틀리면 ×를 표시하세요.

❶ 我一次也没吃过牛肉面。　　　　　(　　　)

　　★ 我吃过一次牛肉面。

❷ 他去过很多次上海。　　　　　　　(　　　)

　　★ 他去过上海。

❸ 那家的羊肉串儿味道很不错。　　　(　　　)

　　★ 那家的羊肉串儿不好吃。

❹ 暑假我打算去迪士尼乐园。　　　　(　　　)

　　★ 我在迪士尼乐园玩儿呢。

3. 보기의 단어를 빈칸에 알맞게 넣어 주세요.

> 趟　　五六　　看　　打算

❶ 我也(　　)去上海。

❷ 你(　　)了几回?

❸ 我去过一(　　)北京。

❹ 我吃过(　　)次火锅。

4. 다음 문장을 중국어로 작문해 보세요.

❶ 너 중국에 가 본 적 있니?

→ _____

❷ 한 번도 안 가 봤어. 너는?

→ _____

❸ 나는 상하이에 두 번 가 봤어.

→ _____

❹ 나도 한번 가 보고 싶다.

→ _____

5. 다음 단어를 따라 써 보세요.

획순	一 口 日 日 旦 昇 星 暑 暑 暑 / 亻 亻 亻 亻 们 但 假 假 假 假
暑假 shǔjià 여름 방학	暑 假 shǔjià

획순	一 扌 扌 打 打 / 竹 笁 笁 笁 筲 笪 算 算 算 算
打算 dǎsuàn ~할 생각이다	打 算 dǎsuàn

획순	串 串 串 串 串 串 / 丿 儿
串儿 chuànr 꼬치	串 儿 chuànr

획순	口 口 口 口 叶 味 味 / 道 道 道 道 道 首 首 道 道 道 道
味道 wèidao 맛, 풍미	味 道 wèidao

획순	烤 烤 烤 烤 烤 烤 烤 烤 烤 烤
烤 kǎo 굽다	烤 kǎo

Warm-Down 플러스 단어

+ 你去过几次长城? 당신은 만리장성에 몇 번 가 봤어요? 🎧 MP3-18

北京 Běijīng 베이징

上海 Shànghǎi 상하이

青岛 Qīngdǎo 칭다오

四川 Sìchuān 쓰촨

深圳 Shēnzhèn 선전

香港 Xiānggǎng 홍콩

台湾 Táiwān 타이완

哈尔滨 Hā'ěrbīn 하얼빈

Lesson 03 去过一次。한 번 가 본 적이 있어요.

Lesson 04

要等一个小时。
Yào děng yí ge xiǎoshí.

1시간 기다려야 해요.

학습 목표 | 시량보어
시량사

Warm-Up 새 단어

🎧 MP3 – 19

- ☐ 排队 páiduì 동 줄을 서다, 정렬하다

- ☐ 多久 duō jiǔ 얼마나 오래, 얼마 동안

- ☐ 大概 dàgài 부 아마, 대개

- ☐ 第 dì 접두 (수사 앞에서) 제

- ☐ 红汤火锅 hóngtāng huǒguō
  명 매운 국물 훠궈(중국식 샤브샤브)

- ☐ 丸子 wánzi 명 (요리의) 완자

- ☐ 熟 shú 형 (음식이) 익다

- ☐ 煮 zhǔ 동 삶다, 끓이다, 익히다

- ☐ 结婚 jiéhūn 동 결혼하다

- ☐ 堵车 dǔchē 동 교통이 막히다, 교통이 체증되다

- ☐ 才 cái 부 ~(가 되어)서야, 비로소(일의 발생이나 결말이 늦음을 나타냄)

- ☐ 开心 kāixīn 형 기쁘다

- ☐ 全州 Quánzhōu 고유 전주

Lesson 04 要等一个小时。1시간 기다려야 해요. **41**

Step 1 회화 ①

🎧 MP3 - 20

(훠궈 가게 도착)

A 请在这儿排队。
Qǐng zài zhèr páiduì.

B 得等多久?
Děi děng duō jiǔ?

A 大概要等一个小时。
Dàgài yào děng yí ge xiǎoshí.

(식사 시작)

B 我第一次吃红汤火锅。 太好吃了。
Wǒ dìyī cì chī hóngtāng huǒguō. Tài hǎochī le.

C 慢慢儿吃。 丸子还没熟。
Mànmānr chī. Wánzi hái méi shú.

多煮几分钟吧。
Duō zhǔ jǐ fēnzhōng ba.

(훠궈 가게 도착)

A 여기 줄을 서 주세요.

B 얼마나 기다려야 해요?

A 1시간 정도요.

(식사 시작)

B 나 매운 국물 훠궈 처음 먹어 봐. 너무 맛있다.

C 천천히 먹어. 완자 아직 안 익었어.
몇 분 더 익히자.

회화 ②

🎧 MP3 – 21

A 小李，周末做什么了？
Xiǎo Lǐ, zhōumò zuò shénme le?

B 去年我的一个中国朋友跟韩国人结婚了。
Qùnián wǒ de yí ge Zhōngguó péngyou gēn Hánguórén jiéhūn le.
他们现在住在全州，我去找她玩儿了。
Tāmen xiànzài zhù zài Quánzhōu, wǒ qù zhǎo tā wánr le.

A 我也想去全州玩儿。没堵车吗？
Wǒ yě xiǎng qù Quánzhōu wánr. Méi dǔchē ma?

B 当然堵了。虽然开了六个小时的车才到，
Dāngrán dǔ le. Suīrán kāile liù ge xiǎoshí de chē cái dào,
不过我们玩儿得很开心。
búguò wǒmen wánr de hěn kāixīn.

A 샤오리, 주말에 뭐 했어?

B 작년에 내 중국인 친구가 한국 사람과 결혼했거든. 그들은 지금 전주에 살고 있어서, 그녀를 찾아가서 놀았어.

A 나도 전주 놀러 가고 싶다. 차 안 막혔어?

B 당연히 막혔지. 6시간 운전해서 겨우 도착했는데, 너무 재미있었어.

Lesson 04 要等一个小时。1시간 기다려야 해요.

Step 2 문법

1 시량보어

시량보어는 술어 뒤에 수량사와 수사를 결합하여 동작을 하는 데 걸린 시간, 어떤 상태가 지속된 시간을 나타냅니다. 완료의 의미를 나타낼 때는 동사 뒤에 '了'가 오며, 현재 지속의 의미를 나타낼 때는 문장 끝에 '了'를 한 번 더 사용합니다.

> [긍정문] 주어 + 술어 + 시량보어
> [부정문] 주어 + 시량보어 + (也/都) + 没 + 술어

주의 비지속동사(来, 离开, 结婚, 毕业 등)가 쓰인 문장은 문장 끝에만 '了'가 옵니다.

(1) 시량보어의 종류

'2개월 동안', '2일 동안'처럼 숫자 2가 쓰일 때에는 '二'이 아닌 '两'을 사용합니다. '多长时间/多久'를 사용하여 의문문을 만들 수 있습니다.

一年	yì nián	1년 동안
一个月	yí ge yuè	1개월 동안
一个星期	yí ge xīngqī	1주일 동안
一天	yì tiān	1일 동안
一个小时	yí ge xiǎoshí	1시간 동안
一分钟	yì fēnzhōng	1분간

(2) 목적어의 위치

목적어가 일반명사일 경우, 술어를 반복하거나 술어와 목적어 사이에 시량보어를 넣습니다.

> 주어 + 술어 + 목적어(일반명사) + 술어 + 시량보어
> 주어 + 술어 + 시량보어 + (的) + 목적어(일반명사)

목적어가 대명사일 경우, 시량보어는 목적어 뒤에 옵니다.

> 주어 + 술어 + 목적어(대명사) + 시량보어

목적어가 지명일 경우 시량보어 앞에 오며, 인명일 경우는 시량보어 앞뒤에 모두 올 수 있습니다.

> 술어 + 목적어(지명/인명) + 시량보어
> 술어 + 시량보어 + 목적어(인명)

Step 3 패턴 연습

🎧 MP3 - 22

1 睡了　六个小时 。
　　 等了　半个小时 。
　　 讲了　五分钟 。

> 📖 **보충단어**
> 讲 jiǎng 동 말하다, 강의하다

2 你　洗衣服　洗了　多长时间？
　　　 打篮球　打了
　　　 唱歌　　唱了

> 📖 **보충단어**
> 洗衣服 xǐ yīfu 세탁하다, 옷을 빨다
> 打篮球 dǎ lánqiú 농구를 하다

3 我　毕业　两年了。
　　　 结婚
　　　 离开

> 📖 **보충단어**
> 毕业 bìyè 동 졸업하다
> 离开 líkāi 동 떠나다, 벗어나다

Final Step 연습 문제 & 간체자 쓰기

1. 녹음에서 들려주는 문장과 일치하는 사진을 보기에서 찾으세요. 🎧 MP3-23

   A 　　B

   C 　　D

   ❶ (　　)　　❷ (　　)　　❸ (　　)　　❹ (　　)

2. 제시된 문장을 읽고 (아래) 단문의 내용과 일치하면 ○, 틀리면 ×를 표시하세요.

   ❶ 我等了你半天了。　　　　　　　　(　　)
   　★ 我等了十二个小时。

   ❷ 我每天学汉语学两个小时。　　　　(　　)
   　★ 我每天学习汉语。

   ❸ 我来韩国两年了。　　　　　　　　(　　)
   　★ 我来两次韩国了。

   ❹ 我看了半个小时的电视。　　　　　(　　)
   　★ 我看了三十分钟。

3. 보기의 단어를 빈칸에 알맞게 넣어 주세요.

> 排队   多久   小时   煮

① 人太多。我们要(　　)。

② 要等(　　)?

③ 我看了两个(　　)的书。

④ 多(　　)几分钟吧。

4. 제시된 단어를 어순에 알맞게 배열하세요.

① 洗衣服　一个　洗了　小时　我

→ _____

② 了　结婚　他　两年

→ _____

③ 的　你　多长时间　电视　看了

→ _____

④ 学习　我　每天　三十分钟

→ _____

5. 다음 단어를 따라 써 보세요.

획순		
排队 páiduì 줄을 서다	排 队 páiduì	排排排排排排排排排排 / ⻖ ⻖ 队 队

획순		
大概 dàgài 대략	大 概 dàgài	大大大 / 概概概概概概概概概概概概概

획순		
熟 shú (음식이) 익다	熟 shú	熟熟熟熟熟熟熟熟熟熟熟熟熟熟熟

획순		
丸子 wánzi 완자	丸 子 wánzi	丸丸丸 / 子子子

획순		
煮 zhǔ 삶다	煮 zhǔ	煮煮煮煮煮煮煮煮煮煮煮煮

Warm-Down 플러스 단어

+ 本子用了多久了? 노트를 얼마 동안 사용했어요? 🎧 MP3-24

本子 běnzi 노트

修正液 xiūzhèngyè 수정액

铅笔 qiānbǐ 연필

圆珠笔 yuánzhūbǐ 볼펜

橡皮 xiàngpí 지우개

便利贴 biànlìtiē 접착 메모지, 포스트잇

胶带 jiāodài 테이프

订书机 dìngshūjī 스테이플러

Lesson 05

吃光了。
Chīguāng le.
다 먹었어요.

학습 목표 | 결과보어

Warm-Up 새 단어

- 珍妮曲奇 zhēnnī qūqí 몡 제니 쿠키
- 网上 wǎngshàng 몡 온라인, 인터넷
- 盒 hé 양 갑(작은 상자 등을 셀 때 쓰임)
- 光 guāng 형 조금도 남지 않다
- 特别 tèbié 부 특별히, 아주

- 准备 zhǔnbèi 동 준비하다
- 哎呀 āiyā 감 (유감) 아이고!, 저런!, (놀람) 와!, 야!
- 优盘 yōupán 몡 USB(유에스비)
- 会议室 huìyìshì 몡 회의실
- 可能 kěnéng 부 아마도, 아마

Lesson 05 吃光了。다 먹었어요.

Step 1 회화 ①

🎧 MP3 - 26

A 这是你说的珍妮曲奇吧？给你。
Zhè shì nǐ shuō de zhēnnī qūqí ba? Gěi nǐ.

B 谢谢你。在哪儿买的？
Xièxie nǐ. Zài nǎr mǎi de?

A 在网上买到的。
Zài wǎngshàng mǎidào de.

我买了两盒，一盒已经吃光了。
Wǒ mǎile liǎng hé, yì hé yǐjīng chīguāng le.

B 那个特别好吃。
Nàge tèbié hǎochī.

A 이게 네가 말한 제니 쿠키지? 너에게 줄게.

B 고마워. 어디서 산 거야?

A 인터넷에서 샀지.
두 상자 샀는데, 한 상자는 벌써 다 먹어 버렸어.

B 그거 진짜 맛있어.

회화 ②

🎧 MP3 – 27

A 金代理，你要去中国出差了吧？
　　Jīn dàilǐ,　　nǐ yào qù Zhōngguó chūchāi le ba?

　　都准备好了吗？
　　Dōu zhǔnbèi hǎo le ma?

B 还没准备好。
　　Hái méi zhǔnbèi hǎo.

　　哎呀，你看到我的优盘了吗？
　　Āiyā,　　nǐ kàndào wǒ de yōupán le ma?

A 刚才在会议室看见了一个优盘，
　　Gāngcái zài huìyìshì kànjiàn le yí ge yōupán,

　　可能是你的。
　　kěnéng shì nǐ de.

　　不知道是不是你要找的，去看看吧。
　　Bù zhīdào shì bu shì nǐ yào zhǎo de,　　qù kànkan ba.

A 김 대리, 곧 중국으로 출장 가지?
　　준비는 다 했어?

B 아직 준비 다 못 했어.
　　아휴, 혹시 내 USB 봤어?

A 방금 회의실에서 USB를 봤는데, 아마 네 것일지 몰라. 네가 찾는 것인지 아닌지는 모르겠는데, 한번 가서 봐봐.

Step 2 문법

1. 결과보어

결과보어는 술어 뒤에 동사나 형용사를 사용하여 동작의 결과를 보충 설명하는 것이 특징입니다. 부정문의 경우 술어 앞에 '没'가 오며, 동작에 따른 결과가 없음을 나타냅니다.

> [긍정문]　　주어 + 술어 + 결과보어(了)
> [부정문]　　주어 + 没 + 술어 + 결과보어
> [평서의문문]　주어 + 술어 + 결과보어(了) + 吗/没有?
> [정반의문문]　주어 + 술어 + 没 + 술어 + 결과보어?

(1) 결과보어의 특징

　① 술어와 결과보어 사이에 다른 성분이 올 수 없습니다.

　② '술어 + 결과보어' 뒤에는 보통 동태조사 '了', '过'가 올 수 있습니다.

- 자주 쓰는 결과보어

完	wán	끝까지 ~(완료, 완성)하다
好	hǎo	만족스럽게 잘 ~하다
到	dào	~에 다다르다, ~을 해내다
见	jiàn	감각동사 뒤에서 동작의 결과를 나타냄
清楚	qīngchu	분명하다, 명확하다
懂	dǒng	이해하다, 알다
干净	gānjìng	깨끗하게 ~하다, 하나도 남지 않다
住	zhù	사람, 사물의 위치를 고정함
会	huì	(배워서) ~할 수 있다

(2) 목적어의 위치

　목적어는 보통 결과보어 뒤에 오지만, 문장 맨 앞에 올 수도 있습니다.

> 주어 + 술어 + 결과보어 + 목적어
> 목적어 + 주어 + 술어 + 결과보어

Step 3 패턴 연습

🎧 MP3 – 28

1 你 　做完　　了吗?
　　　买到　　了吗?
　　　打扫干净　了没有?

> **보충단어**
> 打扫 dǎsǎo [동] 청소하다
> 干净 gānjìng [형] 깨끗하다, 청결하다

2 我 　吃饱了　。
　　　看清楚了　。
　　　没看见　。

> **보충단어**
> 饱 bǎo [형] 배부르다
> 清楚 qīngchu [형] 분명하다, 뚜렷하다

3 这本书　　我没看完。
　　老师的话　我们听懂了。
　　机票　　　你找到了没有?

> **보충단어**
> 懂 dǒng [동] 알다, 이해하다
> 机票 jīpiào [명] 비행기 표

Final Step — 연습 문제 & 간체자 쓰기

1. 녹음에서 들려주는 문장과 일치하는 사진을 보기에서 찾으세요. 🎧 MP3 – 29

   A    B

   C    D

   ❶ (   )   ❷ (   )   ❸ (   )   ❹ (   )

2. 제시된 문장을 읽고 (아래) 단문의 내용과 일치하면 ○, 틀리면 ×를 표시하세요.

   ❶ 他们在打扫教室。　　　　　　　(　　)
   　★ 他们没打扫干净。

   ❷ 我买到了我想买的衣服。　　　　(　　)
   　★ 我买衣服了。

   ❸ 我还没吃完。　　　　　　　　　(　　)
   　★ 我在吃饭。

   ❹ 我学会开车了。　　　　　　　　(　　)
   　★ 他会开车。

3. 보기의 단어를 빈칸에 알맞게 넣어 주세요.

   准备   网上   见   到   完

   ❶ 你看(　　)我的优盘了吗?

   ❷ 我还没(　　)好。

   ❸ 这是在(　　)买(　　)的。

   ❹ 我已经看(　　)了。

4. 다음 문장을 중국어로 작문해 보세요.

   ❶ 너는 잘 먹었니?

   → _____

   ❷ 나는 분명히 봤다.

   → _____

   ❸ 나는 아직 비행기 표를 사지 못했다.

   → _____

   ❹ 나는 알아들었다.

   → _____

5. 다음 단어를 따라 써 보세요.

획순		ノ 人 人 个 个 合 合 合 含 含 盒 盒
盒 hé 갑	盒 hé	

획순		特特特特特特特特特 / 別別別別別別別
特别 tèbié 특별히	特 别 tèbié	

획순		准准准准准准准准准 / 备冬冬冬各各备备
准备 zhǔnbèi 준비하다	准 备 zhǔnbèi	

획순		忄 忄 亻 仕 优 优 / 盘 盘 力 盘 舟 舟 舟 盘 盘 盘
优盘 yōupán USB	优 盘 yōupán	

획순		可可可可可 / 能能能能能能能能能
可能 kěnéng 아마도	可 能 kěnéng	

58

Warm-Down 플러스 단어

➕ **你准备好了吗?** 당신 준비 다 했나요? 🎧 MP3-30

护照 hùzhào 여권	免税 miǎnshuì 면세
行李箱 xínglixiāng 여행 가방	机内餐 jīnèicān 기내식
签证 qiānzhèng 비자	毯子 tǎnzi 담요
保险 bǎoxiǎn 보험	地图 dìtú 지도

복습하기 Lesson 01~05

학습 목표 | 01~05과에서 배운 단어와 회화 표현을 확인하고 복습합니다.

Review the Pattern 패턴 복습하기

 한국어 문장을 보면서 중국어 문장을 들어 보세요. 🎧 MP3-31

1. 그는 라면을 자주 먹는다.

2. TV를 보면서 밥을 먹는다.

3. 너 요즘 어떻게 지내?

4. 그녀는 귀엽게 생겼다.

5. 너는 몇 번 가 봤니?

6. 나는 두 번 가 봤어.

7. 나는 매일 한 시간씩 공부한다.

8. 그는 졸업한 지 2년 되었다.

9. 나는 알아볼 수 없다.

10. 너 분명히 봤니?

중국어 문장을 들으면서 따라 읽어 보세요. 🎧 MP3-32

1회 2회 3회

1. 他常常吃方便面。 ☐ ☐ ☐

2. 一边看电视，一边吃饭。 ☐ ☐ ☐

3. 你最近过得怎么样? ☐ ☐ ☐

4. 她长得很可爱。 ☐ ☐ ☐

5. 你去过几次? ☐ ☐ ☐

6. 我去过两次。 ☐ ☐ ☐

7. 我每天学习一个小时。 ☐ ☐ ☐

8. 他毕业两年了。 ☐ ☐ ☐

9. 我没看懂。 ☐ ☐ ☐

10. 你看清楚了吗? ☐ ☐ ☐

Exercise 연습 문제

1. 녹음을 들으며 한어병음에 알맞은 한자와 뜻을 연결해 보세요. 🎧 MP3-33

   ① yùndòng · · 照片 · · 운동

   ② zhàopiàn · · 准备 · · 건강

   ③ huǒguō · · 排队 · · 결혼하다

   ④ páiduì · · 运动 · · 사진

   ⑤ jiéhūn · · 烤 · · 굽다

   ⑥ jiànkāng · · 火锅 · · 줄을 서다

   ⑦ kǎo · · 健康 · · 훠궈(중국식 샤브샤브)

   ⑧ zhǔnbèi · · 结婚 · · 준비하다

2. 의미가 통하도록 대화문을 연결해 보세요.

   ① 你去过没有? · · 说得很好。

   ② 他汉语说得好吗? · · 我没去过。

   ③ 你看看我侄女的照片。 · · 三年了。

   ④ 毕业多久了? · · 她长得真可爱。

3. 다음 대화의 빈칸을 채워 보세요.

A _____ 你 ____ 去中国 _____ 了，准备得 _____ ?
너 듣자 하니 곧 중국으로 출장 간다며, 준비는 어때?

B 还没 _____ 好。我 _____ 在补习班学习汉语。 ★bǔxíbān 학원
아직 준비가 다 안 됐어. 나 최근에 학원에서 중국어를 공부하고 있어.

A 你 _____ 这么忙，有时间 _____ 吗?
너 일하느라 이렇게 바쁜데, 공부할 시간이 있어?

B 每天 _____ 前去上五十分钟的汉语课。
매일 출근 전에 50분씩 중국어 수업을 들으러 가.

A 那学得怎么样？中国人说话，____ 听懂吗?
공부하는 건 어때? 중국인과 이야기하면 알아들을 수 있어?

B 还可以，有的能 _____ 。
그럭저럭, 대부분 알아들어.

A 你真厉害！
너 정말 대단하다!

4. 다음 단어를 활용하여 중국어로 작문해 보세요.

보기
❶ 中国 ❷ 次 ❸ 去

✎ ❶ _____

❷ _____

❸ _____

Talking Practice 대화 연습하기

5. 다음 질문에 대답해 보세요.

Q. 你吃过火锅吗?

예시 去年我在北京吃过一次火锅。
虽然有点儿辣，但是很合我的口味。
听说四川的火锅非常好吃。
如果有机会的话，我想去一趟四川吃火锅。

A.

合 hé 동 어울리다, 부합하다
口味 kǒuwèi 명 (지방 특유의) 맛, 향미, 풍미

四川 Sìchuān 고유 쓰촨
机会 jīhuì 명 기회, 시기

Reading Practice 읽기 연습하기

6. 다음 지문을 읽고 질문에 대답해 보세요.

> 我叫李娜，来韩国两年了，现在住在首尔。
>
> 我去过韩国的很多地方。
>
> 因为我特别喜欢全州，所以常常去那儿玩儿。
>
> 那里不但菜很好吃，而且风景也很美。
>
> 坐火车去全州只要三个小时，很方便。
>
> 下个月我还想去全州玩儿。

1. 李娜来韩国多久了？

　① 两个月　　② 两次　　③ 两年　　④ 两年以前

2. 她一般怎么去全州？

　① 坐公共汽车　② 坐飞机　③ 骑自行车　④ 坐火车

3. 从首尔到全州坐火车要多长时间？

　① 三个时间　② 三个小时　③ 两天　④ 两点

4. 李娜觉得全州怎么样？

　① 全州太远了。　　　② 全州菜味道很好。
　③ 风景很一般。　　　④ 全州一点儿也不好玩儿。

 보충단어

首尔 Shǒu'ěr 고유 서울　　　　只要 zhǐyào 접 ~하기만 하면
地方 dìfang 명 장소, 곳, 자리　　一般 yìbān 형 일반적이다

Lesson 06

我带小狗去。
Wǒ dài xiǎogǒu qù.
나는 강아지를 데리고 가요.

학습 목표 | 방향보어

Warm-Up 새 단어

- 咱们 zánmen 땦 우리(들)

- 公园 gōngyuán 명 공원

- 带 dài 동 (몸에) 지니다, 휴대하다, 가지다

- 东西 dōngxi 명 물건, 사물, 물품

- 外卖 wàimài 명 포장 판매하는 식품

- 好主意 hǎo zhǔyi 좋은 생각이야

- 拍 pāi 동 (사진을) 찍다, 촬영하다

- 发 fā 동 보내다, 발송하다

- 最后 zuìhòu 명 최후, 제일 마지막

- 张 zhāng 양 장(종이나 가죽을 세는 단위)

- 饮料 yǐnliào 명 음료

- 后面 hòumiàn 명 뒤, 뒤쪽

- 汉江 Hànjiāng 고유 한강

Lesson 06 我带小狗去。나는 강아지를 데리고 가요.

Step 1 회화 ①

🎧 MP3-35

A 天气这么好，
Tiānqì zhème hǎo,

咱们下午去汉江公园玩儿，怎么样？
Zánmen xiàwǔ qù Hànjiāng gōngyuán wánr, zěnmeyàng?

B 好啊！带我的小狗去，可以吗？
Hǎo a! Dài wǒ de xiǎogǒu qù, kěyǐ ma?

A 当然可以。吃的东西别带了。
Dāngrán kěyǐ. Chī de dōngxi bié dài le.

我们在那儿叫外卖吧。
Wǒmen zài nàr jiào wàimài ba.

B 好主意！
Hǎo zhǔyi!

A 날씨가 이렇게 좋은데, 우리 오후에 한강공원에 가서 놀자, 어때?

B 좋아! 우리 강아지 데려가도 될까?

A 당연히 되지. 먹을 건 가지고 오지 마. 우리 거기서 시켜 먹자.

B 좋은 생각이야!

70

회화 ②

(문자로 대화 중에)   🎧 MP3-36

A 昨天我们在汉江公园拍的照片发给我。
　　Zuótiān wǒmen zài Hànjiāng gōngyuán pāi de zhàopiàn fā gěi wǒ.

B 好，马上给你发过去。
　　Hǎo, mǎshàng gěi nǐ fā guòqù.

(웃긴 사진을 보며)

A 最后一张你什么时候拍的?
　　Zuìhòu yì zhāng nǐ shénme shíhou pāi de?

　　我想起来了! 那时你不是去买饮料了吗?
　　Wǒ xiǎng qǐlái le! Nà shí nǐ bú shì qù mǎi yǐnliào le ma?

B 我走回来时看见你跟小狗玩儿，
　　Wǒ zǒu huílái shí kànjiàn nǐ gēn xiǎogǒu wánr,

　　在后面拍的。
　　zài hòumiàn pāi de.

A 拍得真好看。
　　Pāi de zhēn hǎokàn.

(문자로 대화 중에)

A 어제 우리 한강공원에서 찍은 사진 나한테 좀 보내줘.

B 알겠어. 금방 너한테 보내줄게.

(웃긴 사진을 보며)

A 너 제일 마지막 사진은 언제 찍은 거야?
나 생각났어! 그때 너 음료수 사러 가지 않았어?

B 내가 돌아왔을 때 네가 강아지와 놀고 있는 걸 보고 뒤에서 찍은 거야.

A 정말 잘 찍었다.

Lesson 06　我带小狗去。나는 강아지를 데리고 가요.

Step 2 문법

1 방향보어

방향보어는 술어 뒤에 쓰여 사람이나 사물의 방향을 보충 설명하며, 단순방향보어와 복합방향보어 두 종류로 분류합니다.

[긍정문] 주어 + 술어 + 방향보어
[부정문] 주어 + 没 + 술어 + 방향보어

주의 방향보어 뒤에 동태조사 '了', '过'가 올 수 있습니다.

(1) 단순방향보어

보어1	上 shàng / 下 xià / 进 jìn / 出 chū / 回 huí / 过 guò / 起 qǐ
보어2	来 lái / 去 qù

(2) 복합방향보어(보어1 + 보어2)

단순방향보어 '上, 下, 进, 出, 回, 过, 起' 뒤에 '来, 去'를 결합한 형태를 말하며, 방향 외에 여러 가지 파생적 의미를 가질 수 있습니다.

보어2 \ 보어1	上	下	进	出	回	过	起
来	上来	下来	进来	出来	回来	过来	起来
去	上去	下去	进去	出去	回去	过去	×

(3) 목적어의 위치

단순방향보어의 경우 일반적으로 목적어가 보어 뒤에 옵니다. 단, '来/去'는 목적어 앞뒤에 모두 올 수 있습니다.

주어 + 술어 + 일반 목적어 + 来/去
주어 + 술어 + 来/去 + 일반 목적어

복합방향보어의 경우 보어1과 보어2 사이 또는 복합방향보어 뒤에 모두 올 수 있습니다.

술어 + 보어1 + 보어2(来/去) + 일반 목적어
술어 + 보어1 + 일반 목적어 + 보어2(来/去)

장소 목적어의 경우, 단순·복합방향보어 모두 '来/去' 앞에 옵니다.

주어 + 술어 + 장소 목적어 + 来/去
주어 + 술어 + 보어1 + 장소 목적어 + 보어2(来/去)

Step 3 패턴 연습

🎧 MP3-37

1   你　　买来　　吧。
　　你　　带去　　吧。
　　学生　下去　　了。

2   他　　吃下去　了。
　　我　　想起来　了。
　　孩子　跑进来　了。

3   回　　　家　　去了。
　　下　　　楼　　去了。
　　走进　　教室　来了。

보충단어

楼 lóu 몡 다층 건물, 층

Lesson 06 我带小狗去。나는 강아지를 데리고 가요.

Final Step 연습 문제 & 간체자 쓰기

1. 녹음에서 들려주는 문장과 일치하는 사진을 보기에서 찾으세요. 🎧 MP3 - 38

A    B

C    D

❶ (　　　)　　❷ (　　　)　　❸ (　　　)　　❹ (　　　)

2. 제시된 문장을 읽고 (아래) 단문의 내용과 일치하면 ○, 틀리면 ×를 표시하세요.

❶ 我想起来他是谁了。　　　　　　(　　　)
　★ 我想起来了。

❷ 我马上就过去。　　　　　　　　(　　　)
　★ 我骑马去。

❸ 他回家去了。　　　　　　　　　(　　　)
　★ 他不在这儿。

❹ 你带我的小狗去吧。　　　　　　(　　　)
　★ 我家有小狗。

3. 보기의 단어를 빈칸에 알맞게 넣어 주세요.

   照片   发   怎么   回   去

   ❶ 他昨天(　　)中国去了。

   ❷ 我想给他(　　)几张(　　)。

   ❸ 妈妈上楼(　　)了。

   ❹ 你(　　)没带来?

4. 제시된 단어를 어순에 알맞게 배열하세요.

   ❶ 了　家　他　去　回

   → _____

   ❷ 能　你们　吗　吃　下去

   → _____

   ❸ 不用　来　你　带

   → _____

   ❹ 去　马上　我　下

   → _____

5. 다음 단어를 따라 써 보세요.

획순		天 天 天 天 / 气 气 气 气
天气 tiānqì 날씨	天 气 tiānqì	

획순		咱 咱 咱 咱 咱 咱 咱 咱 / 们 们 们 们 们
咱们 zánmen 우리	咱 们 zánmen	

획순		外 外 外 外 外 / 卖 卖 卖 卖 卖 卖 卖 卖
外卖 wàimài 포장 판매하는 식품	外 卖 wàimài	

획순		张 张 张 张 张 张 张
张 zhāng 장	张 zhāng	

획순		饮 饮 饮 饮 饮 饮 饮 / 料 料 料 料 料 料 料 料 料 料
饮料 yǐnliào 음료	饮 料 yǐnliào	

Warm-Down 플러스 단어

你养小狗吗? 당신은 강아지를 키우나요? 🎧 MP3-39

狗 gǒu 개   鸡 jī 닭

猫 māo 고양이   牛 niú 소

兔子 tùzi 토끼   猪 zhū 돼지

熊猫 xióngmāo 판다   羊 yáng 양

Lesson 07

都看得懂吗?
Dōu kàn de dǒng ma?

보고 다 이해할 수 있나요?

학습 목표 | 가능보어

Warm-Up 새 단어

- 换 huàn 동 바꾸다, 교체하다
- 位置 wèizhi 명 위치
- 刚才 gāngcái 명 지금 막, 방금
- 完成 wánchéng 동 완성하다, 끝내다, 완수하다
- 加班 jiābān 동 초과근무를 하다, 야근하다
- 应该 yīnggāi 조동 마땅히 ~해야 한다, 응당 ~할 것이다
- 来得及 láidejí 동 늦지 않다
- 长滩岛 Chángtāndǎo 고유 보라카이

Step 1 회화 ①

🎧 MP3-41

(영화관에서)

A 你看得见吗?
Nǐ kàn de jiàn ma?

B 爸爸，前边的人太高了，我看不见。
Bàba, qiánbian de rén tài gāo le, wǒ kàn bu jiàn.

A 那跟我换位置吧。
Nà gēn wǒ huàn wèizhi ba.

B 谢谢爸爸，现在看得见了，
Xièxie bàba, xiànzài kàn de jiàn le,
而且看得很清楚。
érqiě kàn de hěn qīngchu.

(영화 관람이 끝난 후)

A 刚才的电影怎么样，都看得懂吗?
Gāngcái de diànyǐng zěnmeyàng, dōu kàn de dǒng ma?

B 那当然，我汉语很好的。真有意思。
Nà dāngrán, wǒ Hànyǔ hěn hǎo de. Zhēn yǒu yìsi.

(영화관에서)

A 너 보이니?

B 아빠, 앞 사람이 너무 커서, 잘 안 보여요.

A 그럼 나랑 자리 바꾸자.

B 고마워요 아빠, 이제 잘 보일 뿐 아니라, 또렷하게 보여요.

(영화 관람이 끝난 후)

A 방금 영화 어때? 보고 다 이해했니?

B 그럼 당연하죠, 저 중국어 잘해요. 정말 재미있어요.

회화 ②

(동료와 티타임 대화)　　　　　　　　MP3-42

A 小李，这个暑假你打算做什么？
　Xiǎo Lǐ, zhège shǔjià nǐ dǎsuàn zuò shénme?

B 我想去长滩岛玩儿。
　Wǒ xiǎng qù Chángtāndǎo wánr.

A 真好，我还没想好要去哪儿玩儿呢。
　Zhēn hǎo, wǒ hái méi xiǎnghǎo yào qù nǎr wánr ne.

B 先做好工作再想着玩儿吧。
　Xiān zuòhǎo gōngzuò zài xiǎngzhe wánr ba.
　下班前如果完不成，又要加班了。
　Xiàbān qián rúguǒ wán bu chéng, yòu yào jiābān le.

A 还有两个小时呢，应该来得及的。
　Hái yǒu liǎng ge xiǎoshí ne, yīnggāi láidejí de.

(동료와 티타임 대화)

A 샤오리, 이번 여름 휴가 때 뭐 할 거야?

B 보라카이에 가서 놀 생각이야.

A 좋겠다, 나는 아직 어디 가서 놀아야 할지 생각을 못 했어.

B 먼저 일을 끝내 놓고 놀 일은 다시 생각해 봐. 만일 퇴근 전에 일이 다 안 끝나면, 또 야근해야 해.

A 아직 2시간이나 남았으니, 제시간에 맞출 수 있을 거야.

Lesson 07　都看得懂吗? 보고 다 이해할 수 있나요?

Step 2 문법

1 가능보어

가능보어는 술어와 '결과보어' 또는 '방향보어' 사이에 '得'를 써서 동작의 가능여부를 나타냅니다.

[긍정문] 주어 + 술어 + 得 + 결과/방향보어
[부정문] 주어 + 술어 + 不 + 결과/방향보어

의문문은 문장 끝에 '吗'를 붙이거나, 가능보어의 긍정형과 부정형을 연이어 써서 정반의문문을 만들기도 합니다.

[평서의문] 주어 + 술어 + 得/不 + 결과/방향보어 + 吗?
[정반의문] 주어 + 긍정형 + 부정형?

(1) 가능보어의 기타 형식

술어 뒤에 '得了 deliǎo' 또는 '不了 bùliǎo'를 써서 가능보어를 나타낼 수 있습니다.

[긍정문] 주어 + 술어 + 得了
[부정문] 주어 + 술어 + 不了

(2) 목적어의 위치

일반 목적어는 가능보어 뒤에 오거나, 술어를 반복해 쓰기도 합니다. 복합방향보어로 구성된 가능보어 문장일 경우, 목적어는 '来/去' 앞에 옵니다.

주어 + 술어 + 得/不 + 결과/방향보어 + 일반 목적어
주어 + (술어) + 일반 목적어 + 술어 + 得 + 결과/방향보어

Step 3 패턴 연습

🎧 MP3-43

1 你 买不起 吗?
　　 记不住 吗?
　　 回得来回不来 ?

> **보충단어**
> 买不起 mǎi bu qǐ
> (너무 비싸서) 살 수 없다

2 这个菜非常辣, 我吃不了 。
　　　　　　　　 他受不了 。
　　　　　　　　 你受得了吗 ?

> **보충단어**
> 受不了 shòu buliǎo
> 견딜 수 없다, 참을 수 없다

3 我买不到 飞机票 。
　　 我们听不懂 老师的话 。
　　 弟弟洗不干净 运动鞋 。

Lesson 07 都看得懂吗? 보고 다 이해할 수 있나요?

Final Step 연습 문제 & 간체자 쓰기

1. 녹음에서 들려주는 문장과 일치하는 사진을 보기에서 찾으세요. 🎧 MP3-44

A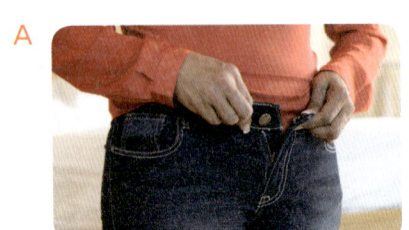

B

C

D

❶ (　　　)　　❷ (　　　)　　❸ (　　　)　　❹ (　　　)

2. 제시된 문장을 읽고 (아래) 단문의 내용과 일치하면 ○, 틀리면 ×를 표시하세요.

❶ 中国电影我看不懂。　　　　　　　　　(　　)

　★ 我不看中国电影。

❷ 百货商店正在打折。我能买想买的衣服。(　　)

　★ 我买得起了。

❸ 他最近瘦了。穿得进去小号。　　　　　(　　)

　★ 他身体不好。

❹ 来不及了。　　　　　　　　　　　　　(　　)

　★ 他不来。

3. 보기의 단어를 빈칸에 알맞게 넣어 주세요.

   > 不   能   吗   得

   ❶ 前边的人太高了，我看(　　)见。

   ❷ 中国电影你看得懂(　　)?

   ❸ 我走(　　)动了。

   ❹ 你(　　)买到飞机票吗?

4. 다음 문장을 중국어로 작문해 보세요.

   ❶ 나는 다 마실 수 있다.

      → _____

   ❷ 너는 듣고 이해할 수 있니 없니?

      → _____

   ❸ 이 음식은 너무 매워서, 나는 먹을 수가 없어.

      → _____

   ❹ 나는 또렷하게 볼 수 있다.

      → _____

5. 다음 단어를 따라 써 보세요.

획순		换换换换换换换换换换
换 huàn 바꾸다	换 huàn	

획순		位位位位位位位 / 罒罒罒罒罒罒罒置置置置
位置 wèizhi 자리, 위치	位 置 wèizhi	

획순		完完完完完完完 / 成成成成成成
完成 wánchéng 완성하다	完 成 wánchéng	

획순		加加加加加 / 班班班班班班班班班班
加班 jiābān 야근하다	加 班 jiābān	

획순		应应应应应应 / 该该该该该该该该
应该 yīnggāi 응당 ~할 것이다	应 该 yīnggāi	

Warm-Down 플러스 단어

➕ **你买得起吗?** 당신은 구매할 수 있나요? 🎧 MP3-45

冰箱 bīngxiāng 냉장고

空调 kòngtiáo 에어컨

电视机 diànshìjī TV, 텔레비전

笔记本电脑 bǐjìběn diànnǎo 노트북

吸尘器 xīchénqì 청소기

打印机 dǎyìnjī 프린터

洗衣机 xǐyījī 세탁기

Lesson 08

已经把机票买好了。
Yǐjīng bǎ jīpiào mǎihǎo le.

이미 비행기 표를 샀어요.

학습 목표 | 把자문(처치문)

Warm-Up 새 단어

☐ 春节 ChūnJié 명 설, 춘절

☐ 过年 guònián 동 새해를 맞다, 설을 쇠다

☐ 机票 jīpiào 명 비행기 표

☐ 把 bǎ 개 ~으로, ~을(를)

☐ 租 zū 동 빌리다, 임차하다

☐ 羡慕 xiànmù 동 부러워하다

☐ 国际 guójì 명 국제

☐ 护照 hùzhào 명 여권

☐ 行李箱 xínglixiāng 명 여행용 가방

☐ 帮 bāng 동 돕다

☐ 出门 chūmén 동 외출하다

☐ 忘 wàng 동 잊다

☐ 起飞 qǐfēi 동 이륙하다

☐ 关岛 Guāndǎo 고유 괌

Step 1 회화 ①

🎧 MP3 – 47

A 快到春节了!
Kuài dào ChūnJié le!

过年时我要带家人去关岛旅游。
Guònián shí wǒ yào dài jiārén qù Guāndǎo lǚyóu.

B 机票难买吧?
Jīpiào nán mǎi ba?

A 上个月我已经把机票买好了。
Shàng ge yuè wǒ yǐjīng bǎ jīpiào mǎihǎo le.

车也租好了。
Chē yě zūhǎo le.

B 真羡慕你。 我没有国际驾照。
Zhēn xiànmù nǐ. Wǒ méiyǒu guójì jiàzhào.

A 没关系。你可以把你的驾照带过去用。
Méi guānxi. Nǐ kěyǐ bǎ nǐ de jiàzhào dài guòqù yòng.

A 곧 설이네!
새해에 나는 가족과 함께 괌으로 여행을 가려고 해.

B 비행기 표 사기 어렵지?

A 지난 달에 이미 비행기 표를 샀지. 차도 빌렸어.

B 정말 부럽다.
나는 국제운전면허증 없는데.

A 괜찮아. 네 운전면허증 가지고 가서 쓰면 돼.

회화 ②

(공항에서) 　　　　　　　　　🎧 MP3 – 48

儿子 我的护照不见了，怎么办？
　　　Wǒ de hùzhào bú jiàn le, zěnmebàn?

妈妈 你把护照放在哪儿了？
　　　Nǐ bǎ hùzhào fàng zài nǎr le?

儿子 应该放在包里了，可是找不到。
　　　Yīnggāi fàng zài bāo li le, kěshì zhǎo bu dào.

妈妈 可能在行李箱里，你把行李箱给我，
　　　Kěnéng zài xínglixiāng li, nǐ bǎ xínglixiāng gěi wǒ,

　　　我帮你找找。
　　　wǒ bāng nǐ zhǎozhao.

爸爸 你的护照在我这儿呢。
　　　Nǐ de hùzhào zài wǒ zhèr ne.

儿子 什么？
　　　Shénme?

爸爸 出门前你把护照给我了，你忘了吗？
　　　Chūmén qián nǐ bǎ hùzhào gěi wǒ le, nǐ wàngle ma?

儿子 啊？想起来了。
　　　Á? Xiǎng qǐlái le.

爸爸 飞机要起飞了，快走吧。
　　　Fēijī yào qǐfēi le, kuài zǒu ba.

(공항에서)

아들 제 여권이 안 보여요, 어떡하죠?

엄마 너 여권을 어디에 두었니?

아들 분명 가방 안에 뒀는데, 못 찾겠어요.

엄마 혹시 여행 가방 안에 있을지 모르니, 네 여행 가방을 나에게 주렴. 내가 한번 찾아볼게.

아빠 네 여권 여기 있어.

아들 뭐라고요?

아빠 출발하기 전에 네가 여권을 나에게 주었잖니, 너 잊어버린 거니?

아들 아! 생각났어요.

아빠 비행기가 곧 이륙할 예정이니, 서둘러 가자.

Lesson 08　已经把机票买好了。 이미 비행기 표를 샀어요.

Step 2 문법

1 把자문(처치문)

'把자문'은 '처치문'이라고도 하며, 목적어의 위치를 술어 앞으로 이동시켜 목적어를 강조할 때 사용하는 문장입니다.

주어 + 술어 + 목적어

주어 + 把 + 목적어 + 술어 + 기타 성분

(1) '把자문'의 특징

① 부정문에 사용하는 '没'와 그 외 부사, 조동사는 '把'의 앞쪽에 옵니다.

② '把자문'의 목적어는 처치 가능한 특정한 목적어여야 합니다.

③ 술어 뒤에는 반드시 기타 성분(동사중첩, 동태조사 了/着, 가능보어 제외한 보어)이 와야 합니다.

④ 동작을 강조하기 위해 동사 앞에 '给'를 사용하기도 합니다.

⑤ 심리동사, 감각동사, 존재를 나타내는 동사는 '把자문'에 사용할 수 없습니다.

주어 + [부사, 조동사] + 把 + 목적어 + (给)동사 + 기타 성분

(2) '把자문'에 자주 쓰는 결과보어

동사 + 在	zài	~에	把你的面包放在桌子上了。
동사 + 到	dào	~까지	把你的面包送到日本了。
동사 + 给	gěi	~에게	把你的面包送给朋友了。
동사 + 成	chéng	~으로	把你的面包当成我的午饭了。

★ sòng 보내다, 주다

★ dāng ~이 되다

Step 3 패턴 연습

1 我　把窗户　关上了。
　　　把衣服　洗好了。
　　　把房间　打扫打扫。

보충단어
窗户 chuānghu 명 창문

2 我　没　　把作业　　　做完。
　　　能　　把这杯咖啡　喝完。
　　　已经　把那件衣服　扔了。

보충단어
扔 rēng 동 던지다

3 你把护照　　放在哪儿了　？
　　你把女朋友　送到机场了吧　？
　　你把笔记本　借给我，可以吗　？

보충단어
送 sòng 동 배웅하다
笔记本 bǐjìběn 명 노트북

Final Step 연습 문제 & 간체자 쓰기

1. 녹음에서 들려주는 문장과 일치하는 사진을 보기에서 찾으세요. 🎧 MP3 – 50

A

B

C

D

❶ (　　　)　❷ (　　　)　❸ (　　　)　❹ (　　　)

2. 제시된 문장을 읽고 (아래) 단문의 내용과 일치하면 ○, 틀리면 ×를 표시하세요.

❶ 我已经把这本书看完了。　　　　(　　　)
　★ 我看完了这本书。

❷ 太多了，我喝不完。　　　　　　(　　　)
　★ 我能把它喝完。

❸ 我没把护照放包里。　　　　　　(　　　)
　★ 我没有护照。

❹ 妹妹把我的词典借走了。　　　　(　　　)
　　　　　　　★ cídiǎn 사전
　★ 词典在我这儿。

3. 보기의 단어를 빈칸에 알맞게 넣어 주세요.

   > 难　　给　　在　　已经　　好

   ❶ 我(　　)把机票买(　　)了。

   ❷ 我把护照(　　)爸爸了。

   ❸ 我想把我的小狗放(　　)别人家。

   ❹ 机票(　　)买吧?

4. 제시된 단어를 어순에 알맞게 배열하세요.

   ❶ 干净　吧　你　衣服　洗　把　她的
   → _____

   ❷ 这本书　我　把　能　看完
   → _____

   ❸ 面包　我　把　吃光　你的　没
   → _____

   ❹ 桌子上了　放在　我　你的咖啡　把
   → _____

5. 다음 단어를 따라 써 보세요.

획순		
过年 guònián 새해를 맞다	过 年 guònián	一 十 寸 寸 过 过 / 生 乍 乍 年 年

획순		
把 bǎ ~을(를)	把 bǎ	把 把 把 把 把 把 把

획순		
起飞 qǐfēi 이륙하다	起 飞 qǐfēi	起 起 起 起 起 起 起 起 起 / 飞 飞 飞

획순		
护照 hùzhào 여권	护 照 hùzhào	一 十 才 扩 护 护 护 / 口 口 日 旷 昭 昭 昭 昭 照 照 照

획순		
行李 xíngli 수화물, 짐	行 李 xíngli	彳 彳 彳 行 行 行 / 一 十 木 木 李 李 李

Warm-Down 플러스 단어

+ 你有微信吗? 당신은 위챗(WeChat)이 있나요? MP3-51

电子邮件	diànzǐ yóujiàn 이메일	用户名	yònghùmíng 아이디
传真	chuánzhēn 팩스	密码	mìmǎ 비밀번호
短信	duǎnxìn 문자	新浪微博	Xīnlàng wēibó 시나 웨이보
微信	Wēixìn 위챗(WeChat)	百度网	Bǎidùwǎng 바이두
连我	Liánwǒ 라인(Line)		

Lesson 08 已经把机票买好了。 이미 비행기 표를 샀어요.

Lesson 09

被雨淋了。
Bèi yǔ lín le.

비를 맞았어요.

학습 목표
被자문(피동문)
겸어문

Warm-Up 새 단어

- 脸色 liǎnsè 몡 안색, 낯빛, 얼굴색
- 难看 nánkàn 혱 좋지 않다, 정상이 아니다
- 身体 shēntǐ 몡 몸, 신체
- 舒服 shūfu 혱 편안하다, 안락하다
- 被 bèi 개 ~에게 ~을 당하다
- 雨 yǔ 몡 비
- 淋 lín 동 (물이나 액체에) 젖다

- 感冒 gǎnmào 동 감기에 걸리다
- 医院 yīyuàn 몡 병원
- 医生 yīshēng 몡 의사
- 让 ràng 동 ~하도록 시키다, ~하게 하다
- 休息 xiūxi 동 휴식을 취하다, 쉬다
- 生病 shēngbìng 동 병나다, 병에 걸리다

Step 1 회화 ①

A 你脸色怎么这么难看，
Nǐ liǎnsè zěnme zhème nánkàn,

身体不舒服吗?
shēntǐ bù shūfu ma?

B 是啊，昨天被雨淋了，感冒了。
Shì a, zuótiān bèi yǔ lín le, gǎnmào le.

A 我觉得你得去医院看看。
Wǒ juéde nǐ děi qù yīyuàn kànkan.

B 已经去过了。医生让我多喝水，
Yǐjīng qùguo le. Yīshēng ràng wǒ duō hē shuǐ,

好好儿休息。
hǎohāor xiūxi.

A 너 안색이 왜 이렇게 안 좋아, 몸이 안 좋니?

B 응, 어제 비를 맞아서 감기에 걸렸어.

A 내 생각에는 너 병원에 가보는 게 좋겠어.

B 이미 갔었어. 의사가 나보고 물 많이 마시고, 푹 쉬래.

100

회화 ②

🎧 MP3-54

A 怎么办？昨天穿的衣服是我姐姐的。
Zěnmebàn? Zuótiān chuān de yīfu shì wǒ jiějie de.

B 被雨淋的那件吗？
Bèi yǔ lín de nà jiàn ma?

A 是。还没被姐姐看到。
Shì. Hái méi bèi jiějie kàndào.

B 那你快把衣服洗干净啊。
Nà nǐ kuài bǎ yīfu xǐ gānjìng a.

A 我不是生病了吗？你帮帮我吧。
Wǒ bú shì shēngbìng le ma? Nǐ bāngbang wǒ ba.

A 어떡하지? 어제 입은 옷 우리 언니 거야.

B 비에 젖은 그 옷?

A 응. 아직 언니한테는 들키지 않았어.

B 그럼 너 빨리 옷을 깨끗하게 세탁해.

A 나 병난 거 모르니? 네가 좀 도와줘.

Lesson 09 被雨淋了。비를 맞았어요. **101**

Step 2 문법

1. 被자문(피동문)

'被자문'은 '피동문'이라고도 하며, '被' 뒤에 오는 행위자에 의해 본인의 의지와 관계없이 '~에게 ~을 당하다'라는 피동을 나타내는 문장입니다. '被' 대신 개사 '让, 叫, 给'를 사용할 수 있습니다.

주어 + 被 + 목적어(행위자) + (给)술어 + 기타 성분

★ 술어 앞에서 피동을 강조할 때 쓰입니다.

(1) '被자문'의 특징

① 부정문에 사용하는 '没'와 그 외 부사, 조동사는 '被' 앞에 옵니다.

② '被자문'의 주어는 명확해야 하며, 행위자는 불특정 대상일 경우 생략이 가능합니다. 단, '被' 대신 '让/叫'가 올 때는 행위자를 생략할 수 없습니다.

③ 술어 뒤에는 반드시 기타 성분(동태조사 着, 가능보어, 동사중첩 제외)과 함께 사용해야 합니다.

④ 의미상 피동문: '被'를 쓰지 않고도 피동의 의미를 나타낼 수 있는데, 이때 주어는 동작, 행위의 대상입니다.

　예) 车票卖完了。차표가 다 팔렸다.

2. 겸어문

앞 문장의 목적어가 뒤 문장의 주어 역할을 겸하는 문장을 겸어문이라고 합니다. 대표적인 동사로는 '~를 ~하게 하다'의 의미인 '让/叫'와 '~하도록 청하다, 요구하다'의 의미인 '请'이 있습니다.

주어 + 동사1(让/叫/请) + 목적어 + 동사2

Step 3 패턴 연습

🎧 MP3-55

1 我的手机　被小偷儿　偷走了。
　　　　　　　被他　　　修好了。
　　　　　　　让妈妈　　找到了。

보충단어
小偷儿 xiǎotōur 몡 좀도둑
偷 tōu 동 훔치다, 도둑질하다
修 xiū 동 수리하다, 보수하다

2 我　不想　　被　　　骂　　。
　　　常常　　被老师　　批评　。
　　　从来没　被别人　　打过　。

보충단어
骂 mà 동 욕하다, 꾸짖다
批评 pīpíng 동 비판하다
打 dǎ 동 때리다

3 妈妈　不让我　　玩儿游戏。
　　　老师　让我们　打扫教室。
　　　我　　想请你　吃饭。

보충단어
游戏 yóuxì 몡 게임

Lesson 09 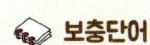 비를 맞았어요. **103**

Final Step 연습 문제 & 간체자 쓰기

1. 녹음에서 들려주는 문장과 일치하는 사진을 보기에서 찾으세요. 🎧 MP3 – 56

   A
   B
   C
   D

   ❶ (　　　)　　❷ (　　　)　　❸ (　　　)　　❹ (　　　)

2. 제시된 문장을 읽고 (아래) 단문의 내용과 일치하면 ○, 틀리면 ×를 표시하세요.

   ❶ 我的钱包被偷走了。　　　　　(　　　)
   　★ 我的钱包没有了。

   ❷ 词典被妹妹借走了。　　　　　(　　　)
   　★ 词典在妹妹那儿。

   ❸ 妈妈让我打扫房间。　　　　　(　　　)
   　★ 妈妈打扫房间了。

   ❹ 妈妈让弟弟吃饭呢。　　　　　(　　　)
   　★ 弟弟正在吃饭。

3. 보기의 단어를 빈칸에 알맞게 넣어 주세요.

> 怎么　　已经　　让　　好好儿　　被

① 我的珍妮曲奇(　　)弟弟吃光了。

② 医生(　　)我(　　)休息。

③ 你的脸色(　　)这么难看?

④ 那本书(　　)看完了。

4. 다음 문장을 중국어로 작문해 보세요.

① 비를 맞았다.

→ _____

② 내 책을 여동생이 가져갔다.

→ _____

③ 밥이 이미 다 되었다.

→ _____

④ 엄마가 나에게 아침밥을 먹으라고 하셨다.

→ _____

5. 다음 단어를 따라 써 보세요.

획순	丿丬丬月月月片胗胗脸脸脸 / 色色色色色色
脸色 liǎnsè 안색	脸 色 liǎnsè

획순	丿亽亽亽舍舍舍舒舒舒 / 服服服服服服服
舒服 shūfu 편안하다	舒 服 shūfu

획순	乛又对对对对难难难 / 看看二手手看看看
难看 nánkàn 좋지 않다	难 看 nánkàn

획순	丶丶氵氵汁汁汁淋淋淋
淋 lín (물, 액체에) 젖다	淋 lín

획순	一厂厂厂后后咸咸咸咸感感感 / 冂冂冂冃冃冐冒冒
感冒 gǎnmào 감기에 걸리다	感 冒 gǎnmào

106

Warm-Down 플러스 단어

➕ **你哪儿不舒服?** 당신은 어디가 불편하세요? 🎧 MP3-57

发烧 fāshāo 열이 나다	流鼻涕 liú bítì 콧물이 나다
咳嗽 késou 기침하다	没劲儿 méi jìnr 기운이 없다
头疼 tóuténg 머리 아프다	吃药 chī yào 약을 먹다
发冷 fālěng 오한이 나다	打针 dǎzhēn 주사를 맞다

Lesson 10

她比以前瘦了一点儿。

Tā bǐ yǐqián shòu le yìdiǎnr.

그녀는 이전보다 살이 좀 빠졌어요.

학습 목표 | 비교문
| 연동문

Warm-Up 새 단어

🎧 MP3 - 58

- 电视剧 diànshìjù 몡 드라마
- 越…越… yuè… yuè… ~할수록 ~하다
- 主角 zhǔjué 몡 주연, 주인공
- 越来越 yuèláiyuè 점점, 더욱더
- 比 bǐ 깨 ~에 비해, ~보다
- 以前 yǐqián 몡 예전, 이전

- 瘦 shòu 혱 마르다, 여위다
- 怪不得 guàibude 뷔 과연, 어쩐지
- 减肥 jiǎnféi 동 살을 빼다, 다이어트를 하다
- 变 biàn 동 변하다, 이전과 다르다
- 加油 jiāyóu 동 격려하다, 힘을 내다
- 不一样 bù yíyàng 같지 않다

Step 1 회화 ①

A 我最近在看中国电视剧，
Wǒ zuìjìn zài kàn Zhōngguó diànshìjù,

那部电视剧越看越有意思。
nà bù diànshìjù yuè kàn yuè yǒu yìsi.

B 是啊，我也在看呢。
Shì a, wǒ yě zài kàn ne.

女主角越来越漂亮了。
Nǚ zhǔjué yuèláiyuè piàoliang le.

A 她好像比以前瘦了一点儿。
Tā hǎoxiàng bǐ yǐqián shòu le yìdiǎnr.

B 怪不得，比以前漂亮多了。
Guàibude, bǐ yǐqián piàoliang duō le.

A 我也要做运动减肥，然后变漂亮！
Wǒ yě yào zuò yùndòng jiǎnféi, ránhòu biàn piàoliang!

B 你加油！
Nǐ jiāyóu!

A 나 최근에 중국 드라마를 보고 있는데, 그 드라마 보면 볼수록 점점 재미 있어.

B 맞아, 나도 보고 있어. 여주인공은 보면 볼수록 예뻐져.

A 그녀는 이전보다 살이 좀 빠진 것 같아.

B 어쩐지, 이전보다 훨씬 예뻐졌어.

A 나도 운동해서 다이어트 하면, 예뻐지겠지!

B 파이팅!

회화 ②

MP3-60

A 你走得太快了。慢一点儿吧。
Nǐ zǒu de tài kuài le. Màn yìdiǎnr ba.

B 是吗？我爸爸走得比我快，
Shì ma? Wǒ bàba zǒu de bǐ wǒ kuài,

我弟比我爸还快。
wǒ dì bǐ wǒ bà hái kuài.

跟他们比，我是最慢的。
Gēn tāmen bǐ, wǒ shì zuì màn de.

A 那你妈妈呢？
Nà nǐ māma ne?

B 我妈妈没有我快。
Wǒ māma méiyǒu wǒ kuài.

A 我家跟你们不一样。
Wǒ jiā gēn nǐmen bù yíyàng.

在我家我妈妈走得最快。
Zài wǒ jiā wǒ māma zǒu de zuì kuài.

A 너 진짜 빨리 걷는다. 좀 천천히 가자.

B 정말? 우리 아빠 걸으시는 게 나보다 빨리 걸으시고, 남동생이 우리 아빠보다 더 빨라. 그들에 비하면, 내가 제일 느려.

A 그럼, 너희 엄마는?

B 우리 엄마는 나만큼 빠르진 않으셔,

A 우리 집은 너희랑 달라. 우리 집에서는 우리 엄마가 제일 빨리 걸으셔.

Step 2 문법

1 비교문

'比'를 사용하여 두 종류의 사물이나 사람 등을 비교하는 문장을 비교문이라고 합니다. 'A는 B보다 ~하다'로 해석합니다.

$$A + 比 + B + 술어(비교의 양)$$

(1) 또 다른 비교 표현

[형식1] A + 比 + B + 更/还 + 술어(비교의 양)
[형식2] A + 没有/不如 + B + (那么) 술어(비교의 양)
[형식3] A + 跟 + B + 一样 + 술어(비교의 양)

① '더욱, 더'의 의미로 '还 hái / 更 gèng'을 술어 앞에 사용하며, 구체적인 비교의 양은 술어 뒤에서 설명합니다. 비교의 양에는 구체적인 숫자가 오기도 하고 '조금, 약간'의 뜻은 '一点儿 yìdiǎnr', 많은 양을 나타낼 때는 '多了 duō le / 得多 de duō' 등이 오기도 합니다.

② 부정문은 '没有 méiyǒu / 不如 bùrú'를 사용합니다. '不比 bù bǐ'를 사용할 경우 그 의미는 비슷한 느낌으로 '~보다 ~하지는 않다' 정도의 의미로 해석합니다. '没有'로 비교한 문장의 강조는 '这么 zhème / 那么 nàme'를 술어 앞에 씁니다.

(2) 최상급 표현

'가장 ~하다'의 경우 '最 zuì'를 사용합니다. 단, '比'와 같이 쓸 수 없습니다.

2 연동문

하나의 주어에 둘 이상의 동사(구)가 이어져 나타나는 문장을 연동문이라고 합니다.

$$주어1 + 동사1 + 목적어1 + 동사2 + 목적어2$$

예) 他 去 学校 看 书。 그는 책을 보러 학교에 간다.
　　주어1 동사1 목적어1 동사2 목적어2

Step 3 패턴 연습

🎧 MP3-61

1 她比我 | 高一点儿 。
　　　　 | 小两岁 。
　　　　 | 更瘦 。

2 今年的天气 | 不比 | 去年 | 热 。
　　 那本书　　 | 没有 | 这本书 | 贵 。
　　 我的书包　 | 不如 | 你的 | 轻 。

보충단어
轻 qīng 휑 (무게가) 가볍다

3 他们 | 出去玩儿 。
　　　　| 坐地铁上班 。
　　　　| 去美国留学 。

보충단어
留学 liúxué 동 유학하다

Lesson 10　她比以前瘦了一点儿。그녀는 이전보다 살이 좀 빠졌어요.

Final Step 연습문제 & 간체자 쓰기

1. 녹음에서 들려주는 문장과 일치하는 사진을 보기에서 찾으세요. 🎧 MP3 - 62

A

B

C

D

❶ (   )   ❷ (   )   ❸ (   )   ❹ (   )

2. 제시된 문장을 읽고 (아래) 단문의 내용과 일치하면 ○, 틀리면 ×를 표시하세요.

❶ 我妈妈做的菜越来越好吃了。　　　(　　　)

　★ 我不喜欢妈妈做的菜。

❷ 他没有哥哥高。　　　　　　　　　(　　　)

　★ 他没有哥哥。

❸ 我跟你一样喜欢打棒球。　　　　　(　　　)

　★ 我喜欢打棒球。

❹ 他20岁，我比他大两岁。　　　　　(　　　)

　★ 我是22岁。

3. 보기의 단어를 빈칸에 알맞게 넣어 주세요.

> 瘦　　有意思　　最　　一点儿　　比

❶ 她怎么越来越(　　)了?

❷ 你的手机(　　)我的大(　　)。

❸ 我妈妈做的菜(　　)好吃。

❹ 学汉语越来越(　　)了。

4. 제시된 단어를 어순에 알맞게 배열하세요.

❶ 两岁　　我比　　大　　他

　→ _____

❷ 高　　他　　没有　　哥哥　　那么

　→ _____

❸ 一样　　我跟　　喜欢　　他　　吃快餐

　→ _____

❹ 越　　你　　漂亮　　来　　越　　了

　→ _____

5. 다음 단어를 따라 써 보세요.

획순	电 口 日 日 电 / 视 视 视 视 视 视 视 / 一 ㄱ ㄕ ㄕ 尸 居 居 剧 剧
电视剧 diànshìjù 드라마	电　视　剧 diànshìjù

획순	越 越 越 走 越 越 走 走 越 越 越 / 一 一 一 一 平 来 来
越来越 yuèláiyuè 더욱더	越　来　越 yuèláiyuè

획순	丶 亠 二 丰 主 / 角 角 角 角 角 角 角
主角 zhǔjué 주인공	主　角 zhǔjué

획순	一 / 点 点 点 点 点 点 点 点 / 儿 儿
一点儿 yìdiǎnr 조금	一　点　儿 yìdiǎnr

획순	比 比 比 比
比 bǐ ~보다	比 bǐ

Warm-Down 플러스 단어

西瓜比草莓甜吗? 수박이 딸기보다 단가요? MP3-63

西瓜 xīguā 수박

香蕉 xiāngjiāo 바나나

苹果 píngguǒ 사과

葡萄 pútao 포도

猕猴桃 míhóutáo 키위

橘子 júzi 귤

芒果 mángguǒ 망고

橙子 chéngzi 오렌지

복습하기 Lesson 06~10

학습 목표 | 06~10과에서 배운 단어와 회화 표현을 확인하고 복습합니다.

Review the Pattern 패턴 복습하기

 한국어 문장을 보면서 중국어 문장을 들어 보세요. MP3-64

1. 우리 강아지 데려가도 될까?

2. 나는 보고 이해할 수 있다.

3. 이 음식은 너무 매워서, 나는 먹을 수가 없어.

4. 나는 이미 비행기 표를 샀다.

5. 나는 우리 강아지를 데리고 가고 싶다.

6. 어제 비를 맞았다.

7. 감기에 걸린 거 같아.

8. 그녀는 이전보다 살이 좀 빠졌다.

9. 아빠가 나보다 빨리 걷는다.

10. 나는 너랑 달라.

중국어 문장을 들으면서 따라 읽어 보세요. 🎧 MP3-65

		1회	2회	3회

1. 我带我的小狗去，可以吗？ ☐ ☐ ☐

2. 我看得懂。 ☐ ☐ ☐

3. 这个菜非常辣，我吃不了。 ☐ ☐ ☐

4. 我已经把机票买好了。 ☐ ☐ ☐

5. 我想把我的小狗带过去。 ☐ ☐ ☐

6. 昨天被雨淋了。 ☐ ☐ ☐

7. 好像感冒了。 ☐ ☐ ☐

8. 她比以前瘦了一点儿。 ☐ ☐ ☐

9. 爸爸比我走得快。 ☐ ☐ ☐

10. 我跟你不一样。 ☐ ☐ ☐

Exercise 연습 문제

1. 녹음을 들으며 한어병음에 알맞은 한자와 뜻을 연결해 보세요. 🎧 MP3-66

① jīpiào · · 护照 · · 여름 방학

② hùzhào · · 暑假 · · 예쁘다

③ piàoliang · · 感冒 · · ~할 생각이다

④ màn · · 慢 · · 여권

⑤ dǎsuàn · · 打算 · · 비행기 표

⑥ gǎnmào · · 漂亮 · · 병원

⑦ shǔjià · · 医院 · · 감기에 걸리다

⑧ yīyuàn · · 机票 · · 느리다

2. 의미가 통하도록 대화문을 연결해 보세요.

① 她比你漂亮吗? · · 这儿。

② 被雨淋了。 · · 没有我漂亮。

③ 你吃过火锅吗? · · 没吃过。

④ 把它放在哪儿? · · 是不是感冒了?

3. 다음 대화의 빈칸을 채워 보세요.

　A　是不是我们点的太_____了?
　　　우리 너무 많이 시킨 거 아니야?

　B　不是。我们_____。
　　　아니야. 우리 다 먹을 수 있어.

　A　真的? 我_____我们两个人_____。
　　　진짜? 내 생각에 우리 둘이서 다 못 먹어.

　B　我_____。
　　　나 더는 못 먹겠다.

　A　我也吃饱了。_____了。
　　　나도 배불러. 못 먹겠어.

　B　我们明天开始减肥吧。
　　　우리 내일부터 다이어트 시작하자.

4. 다음 단어를 활용하여 중국어로 작문해 보세요.

　　보기
　　❶ 比　　❷ 因为　　❸ 健康

　　✎ ❶ _____
　　　 ❷ _____
　　　 ❸ _____

Talking Practice 대화 연습하기

5. 다음 질문에 대답해 보세요.

Q. 你常常网购吗?

> **예시** 网店卖的东西比实体店卖的便宜得多。
>
> 不用出门就能买到想要的东西，省时又省钱。
>
> 如果想送朋友礼物，
>
> 还可以在网上订购后直接寄送到朋友家，很方便。

A.

网购 wǎnggòu 통 인터넷에서 쇼핑하다
网店 wǎngdiàn 명 온라인 상점, 인터넷 쇼핑몰
实体店 shítǐdiàn 명 오프라인 상점
省时 shěngshí 통 시간을 절약하다

省钱 shěngqián 통 돈을 절약하다
送…礼物 sòng…lǐwù ~에게 선물을 주다
订购 dìnggòu 통 예약하여 구매하다
直接 zhíjiē 형 직접적인

Reading Practice 읽기 연습하기

6. 다음 지문을 읽고 질문에 대답해 보세요.

> 我的中国朋友们都用微信。
>
> 我一次也没用过。他们让我下载。
>
> 我把我的微信号告诉他们了。
>
> 现在不仅可以随时跟他们发信息，
>
> 视频聊天儿，而且还可以发送语音信息。
>
> 发语音信息比打字快得多，用起来方便极了。
>
> 我越来越喜欢中国了。

1. 我以前用过几次微信?

　　① 一次　　② 两次　　③ 很多次　　④ 没用过

2. 微信有什么功能?

　　① 画画儿　　② 面对面对话　　③ 学习　　④ 看电影

3. 哪个方式比较快?

　　① 发语音信息　　② 打字　　③ 写字　　④ 画画

微信 Wēixìn 고유 위챗(WeChat)	发信息 fā xìnxi 문자를 보내다
下载 xiàzài 동 다운로드하다	视频 shìpín 명 동영상, 채팅
告诉 gàosu 동 말하다, 알리다	语音 yǔyīn 명 음성
不仅 bùjǐn 접 ~뿐만 아니라	打字 dǎzì 동 타자를 치다
随时 suíshí 부 수시로, 언제나	功能 gōngnéng 명 기능
画画(儿) huà huà(r) 그림을 그리다	
面对面对话 miànduìmiàn duìhuà 얼굴을 보면서 대화하다	
方式 fāngshì 명 방식	
比较 bǐjiào 부 비교적	

모범 답안, 찾아보기

모범 답안	128
찾아보기	132

모범 답안

Lesson 01

1. ① C - 一边喝可乐，一边看电影。
   ② A - 为了健康，你多吃水果吧。
   ③ D - 他们常常去爬山。
   ④ B - 虽然我工作很忙，可是每天坚持学习汉语。

2. ① X
   ② X
   ③ O
   ④ O

3. ① 健康
   ② 不常 / 快餐
   ③ 所以
   ④ 就

4. ① 我一边看书，一边喝咖啡。
   ② 我们先吃晚饭，然后看电影吧。
   ③ 你又去中国吗？
   ④ 我常常听音乐。

Lesson 02

1. ① A - 他唱得怎么样？
   ② C - 她长得真可爱。
   ③ B - 我开车开得很好。
   ④ D - 你睡得不好吗？

2. ① X
   ② X
   ③ O
   ④ O

3. ① 得
   ② 不
   ③ 还可以
   ④ 快

4. ① 他说汉语说得很好。
   ② 你吃得多不多？
   ③ 老师说得不快。
   ④ 他长得怎么样？

Lesson 03

1. ① C - 你吃过几次羊肉串儿？
   ② B - 你又要去上海吗？
   ③ D - 我想去一次迪士尼乐园。
   ④ A - 我没吃过火锅。

2. ① X
   ② O
   ③ X
   ④ X

3. ① 打算
   ② 看
   ③ 趟
   ④ 五六

4. ① 你去过中国吗？
   ② 一次也没去过。你呢？
   ③ 我去过上海两次。
   ④ 我也想去一次。

Lesson 04

1. ① A - 我开了六个小时的车。
   ② C - 我学汉语学了一年。
   ③ D - 你结婚多久了？
   ④ B - 我们得等多长时间？

2. ① X
   ② O
   ③ X
   ④ O

3. ① 排队
   ② 多久
   ③ 小时
   ④ 煮

4. ① 我洗衣服洗了一个小时。
   ② 他结婚两年了。
   ③ 你看了多长时间的电视？
   ④ 我每天学习三十分钟。

Lesson 05

1. ① D - 我们还没吃完。
   ② A - 我已经吃光了。
   ③ B - 我学会做中国菜了。
   ④ C - 我没听清楚。

2. ① X
   ② O
   ③ O
   ④ O

3. ① 见
   ② 准备
   ③ 网上 / 到
   ④ 完

4. ① 你吃好了吗？
   ② 我看清楚了。
   ③ 我还没买到机票。
   ④ 我听懂了。

복습과 01~05

1. ① yùndòng 运动 운동
   ② zhàopiàn 照片 사진
   ③ huǒguō 火锅 훠궈(중국식 샤브샤브)
   ④ páiduì 排队 줄을 서다

   ⑤ jiéhūn 结婚 결혼하다
   ⑥ jiànkāng 健康 건강
   ⑦ kǎo 烤 굽다
   ⑧ zhǔnbèi 准备 준비하다

2. ① 我没去过。
   ② 说得很好。
   ③ 她长得真可爱。
   ④ 三年了。

3. A: 听说你要去中国出差了，准备得怎么样？
   B: 还没准备好。我最近在补习班学习汉语。
   A: 你工作这么忙，有时间学习吗？
   B: 每天上班前去上五十分钟的汉语课。
   A: 那学得怎么样？中国人说话，能听懂吗？
   B: 还可以，有的能听懂。
   A: 你真厉害!

4. ① 我还没去过中国。
   ② 真想去一次。
   ③ 我打算去北京玩儿。

5. 교재 예시 답안 참고

6. ① 3번
   ② 4번
   ③ 2번
   ④ 2번

Lesson 06

1. ① C - 我马上下去!
   ② D - 我想起来了!
   ③ A - 带你的小狗来吧。
   ④ B - 他回家来了。

2. ① O
   ② X
   ③ O
   ④ O

모범 답안

3. ① 回
   ② 发 / 照片
   ③ 去
   ④ 怎么

4. ① 他回家去了。
   ② 你们能吃下去吗?
   ③ 你不用带来。
   ④ 我马上下去。

Lesson 07

1. ① B - 我看得懂中国电影。
   ② A - 我胖了。穿不进去。
   ③ C - 太贵了。我买不起。
   ④ D - 你吃得完吃不完?

2. ① X
   ② O
   ③ X
   ④ X

3. ① 不
   ② 吗
   ③ 得
   ④ 能

4. ① 我喝得完。
   ② 你听得懂听不懂?
   ③ 这个菜非常辣,我吃不了。
   ④ 我看得清楚。

Lesson 08

1. ① D - 我没把那件衣服洗干净。
   ② C - 我把你的书放在你的桌子上了。
   ③ A - 我已经把那件衣服送给朋友了。
   ④ B - 我能把它喝完。

2. ① O
   ② X
   ③ X
   ④ X

3. ① 已经 / 好
   ② 给
   ③ 在
   ④ 难

4. ① 你把她的衣服洗干净吧。
   ② 我能把这本书看完。
   ③ 我没把你的面包吃光。
   ④ 我把你的咖啡放在桌子上了。

Lesson 09

1. ① C - 你是不是感冒了?
   ② B - 爸爸让我早点儿回家。
   ③ A - 被雨淋了。
   ④ D - 书看完了。

2. ① O
   ② O
   ③ X
   ④ X

3. ① 被
   ② 让 / 好好儿
   ③ 怎么
   ④ 已经

4. ① 被雨淋了。
   ② 我的书被妹妹拿走了。
   ③ 饭已经做好了。
   ④ 妈妈让我吃早饭。

Lesson 10

1. ① B - 你的手机比我的贵得多。
   ② A - 我跟他一样喜欢咖啡。
   ③ D - 我没有姐姐那么高。
   ④ C - 这本书比那本有意思。

2. ① X
   ② X
   ③ O
   ④ O

3. ① 瘦
   ② 比 / 一点儿
   ③ 最
   ④ 有意思

4. ① 我比他大两岁。
   ② 他没有哥哥那么高。
   ③ 我跟他一样喜欢吃快餐。
   ④ 你越来越漂亮了。

A: 真的？我觉得我们两个人吃不完。
B: 我吃不下了。
A: 我也吃饱了。吃不了(吃不下/不能吃)。
B: 我们明天开始减肥吧。

4. ① 今天比昨天冷多了。
   ② 我因为感冒，所以不能去学校。
   ③ 为了健康，我每天做运动。

5. 교재 예시 답안 참고

6. ① 4번
   ② 2번
   ③ 1번

복습과 06~10

1. ① jīpiào 机票 비행기 표
   ② hùzhào 护照 여권
   ③ piàoliang 漂亮 예쁘다
   ④ màn 慢 느리다
   ⑤ dǎsuàn 打算 ~할 생각이다
   ⑥ gǎnmào 感冒 감기에 걸리다
   ⑦ shǔjià 暑假 여름 방학
   ⑧ yīyuàn 医院 병원

2. ① 没有我漂亮。
   ② 是不是感冒了?
   ③ 没吃过。
   ④ 这儿。

3. A: 是不是我们点的太多了?
   B: 不是。我们吃得完。

찾아보기

A

- 哎呀 āiyā ... 51

B

- 把 bǎ ... 89
- 百度网 Bǎidùwǎng ... 77
- 搬 bān ... 35
- 帮 bāng ... 89
- 棒球 bàngqiú ... 29
- 饱 bǎo ... 55
- 保龄球 bǎolíngqiú ... 29
- 保险 bǎoxiǎn ... 59
- 北京 Běijīng ... 39
- 被 bèi ... 99
- 本子 běnzi ... 49
- 鼻子 bízi ... 25
- 比 bǐ ... 109
- 比较 bǐjiào ... 125
- 笔记本 bǐjìběn ... 93
- 笔记本电脑 bǐjìběn diànnǎo ... 87
- 毕业 bìyè ... 45
- 变 biàn ... 109
- 便利贴 biànlìtiē ... 49
- 遍 biàn ... 34
- 别 bié ... 14
- 别提了 bié tí le ... 11
- 冰箱 bīngxiāng ... 87
- 补习班 bǔxíbān ... 65
- 不错 búcuò ... 31
- 不但…而且… búdàn… érqiě… ... 11, 14
- 不过 búguò ... 31
- 不仅 bùjǐn ... 125

- 不了 bùliǎo ... 82
- 不如 bùrú ... 112
- 不一样 bù yíyàng ... 109

C

- 才 cái ... 14, 41
- 长滩岛 Chángtāndǎo ... 79
- 常 cháng ... 11
- 常常 chángcháng ... 14
- 场 chǎng ... 34
- 成 chéng ... 92
- 橙子 chéngzi ... 117
- 吃药 chī yào ... 107
- 迟到 chídào ... 35
- 出门 chūmén ... 89
- 传真 chuánzhēn ... 77
- 串儿 chuànr ... 31
- 窗户 chuānghu ... 93
- 春节 Chūn Jié ... 89
- 词典 cídiǎn ... 94
- 次 cì ... 34
- 从 cóng ... 21

D

- 打 dǎ ... 29, 103
- 打篮球 dǎ lánqiú ... 45
- 打扫 dǎsǎo ... 55
- 打算 dǎsuàn ... 31
- 打印机 dǎyìnjī ... 87
- 打针 dǎzhēn ... 107
- 打字 dǎzì ... 125
- 大概 dàgài ... 41

132

☐ 带 dài	69	☐ 发烧 fāshāo	107
☐ 当 dāng	92	☐ 发信息 fā xìnxi	125
☐ 当然 dāngrán	11	☐ 方便面 fāngbiànmiàn	15
☐ 到 dào	54, 92	☐ 方式 fāngshì	125
☐ 到底 dàodǐ	14	☐ 风 fēng	15
☐ 得 de	21	☐ 风景 fēngjǐng	11
☐ 得了 deliǎo	82		
☐ 得 děi	21		

G

☐ 迪士尼乐园 Díshìní Lèyuán	31	☐ 干净 gānjìng	54, 55
☐ 地道 dìdao	31	☐ 感冒 gǎnmào	15, 99
☐ 地方 dìfang	67	☐ 刚 gāng	14
☐ 地图 dìtú	59	☐ 刚才 gāngcái	79
☐ 第 dì	41	☐ 高尔夫球 gāo'ěrfūqiú	29
☐ 电视机 diànshìjī	87	☐ 告诉 gàosu	125
☐ 电视剧 diànshìjù	109	☐ 给 gěi	11, 92
☐ 电子邮件 diànzǐ yóujiàn	77	☐ 更 gèng	14
☐ 鼎泰丰 Dǐngtàifēng	19	☐ 公园 gōngyuán	69
☐ 订购 dìnggòu	124	☐ 功能 gōngnéng	125
☐ 订书机 dìngshūjī	49	☐ 贡茶 Gòng Chá	19
☐ 东西 dōngxi	69	☐ 狗 gǒu	97
☐ 懂 dǒng	54, 55	☐ 怪不得 guàibude	109
☐ 都 dōu	14	☐ 关岛 Guāndǎo	89
☐ 兜风 dōufēng	21	☐ 光 guāng	51
☐ 读 dú	35	☐ 国际 guójì	89
☐ 堵车 dǔchē	41	☐ 过 guò	21
☐ 短信 duǎnxìn	77	☐ 过年 guònián	89
☐ 对 duì	11		
☐ 多久 duō jiǔ	41		
☐ 多了 duō le	24		

H

		☐ 哈尔滨 Hā'ěrbīn	39
		☐ 哈哈 hāhā	31

F

☐ 发 fā	69	☐ 还 hái	14, 31, 112
☐ 发冷 fālěng	107		

찾아보기

- 还可以 hái kěyǐ ... 21
- 汉堡王 Hànbǎowáng ... 19
- 汉江 Hànjiāng ... 69
- 好 hǎo ... 54
- 好像 hǎoxiàng ... 11
- 好主意 hǎo zhǔyi ... 69
- 合 hé ... 66
- 盒 hé ... 51
- 红汤火锅 hóngtāng huǒguō ... 41
- 后面 hòumiàn ... 69
- 护照 hùzhào ... 59, 89
- 画画(儿) huà huà(r) ... 125
- 换 huàn ... 79
- 黄山 Huángshān ... 11
- 回 huí ... 34
- 回答 huídá ... 35
- 会议室 huìyìshì ... 51
- 婚礼 hūnlǐ ... 21

J

- 机场 jīchǎng ... 15, 21
- 机会 jīhuì ... 66
- 机内餐 jīnèicān ... 59
- 机票 jīpiào ... 55, 89
- 鸡 jī ... 97
- 极了 jí le ... 24
- 记 jì ... 55
- 济州岛 Jìzhōudǎo ... 35
- 加班 jiābān ... 79
- 加油 jiāyóu ... 109
- 家乐福 Jiālèfú ... 19
- 驾照 jiàzhào ... 21
- 坚持 jiānchí ... 11
- 减肥 jiǎnféi ... 109
- 见 jiàn ... 54
- 件 jiàn ... 15
- 健康 jiànkāng ... 11
- 讲 jiǎng ... 45
- 胶带 jiāodài ... 49
- 接 jiē ... 21
- 结婚 jiéhūn ... 41
- 橘子 júzi ... 117

K

- 开心 kāixīn ... 41
- 考官 kǎoguān ... 21
- 烤 kǎo ... 31
- 咳嗽 késou ... 107
- 可能 kěnéng ... 51
- 可是 kěshì ... 11
- 课文 kèwén ... 35
- 肯德基 Kěndéjī ... 19
- 空调 kòngtiáo ... 87
- 口味 kǒuwèi ... 66
- 快餐 kuàicān ... 11

L

- 来得及 láidejí ... 79
- 篮球 lánqiú ... 29
- 俩 liǎ ... 11
- 厉害 lìhai ... 65
- 离开 líkāi ... 45
- 连我 Liánwǒ ... 77
- 脸色 liǎnsè ... 99

☐ 辆 liàng	15	☐ 拍 pāi	69
☐ 淋 lín	99	☐ 排队 páiduì	41
☐ 零花钱 línghuāqián	11	☐ 排球 páiqiú	29
☐ 留学 liúxué	113	☐ 陪 péi	11
☐ 流鼻涕 liú bítì	107	☐ 批评 pīpíng	103
☐ 流利 liúlì	25	☐ 漂亮 piàoliang	24
☐ 楼 lóu	73	☐ 乒乓球 pīngpāngqiú	29
		☐ 苹果 píngguǒ	117
		☐ 葡萄 pútao	117

M

☐ 马上 mǎshàng	11, 14		
☐ 骂 mà	103		
☐ 买不起 mǎi bu qǐ	83		
☐ 麦当劳 Màidāngláo	19		
☐ 芒果 mángguǒ	117		
☐ 猫 māo	97		
☐ 没 méi	14		
☐ 没劲儿 méi jìnr	107		
☐ 美 měi	11		
☐ 面对面对话 miànduìmiàn duìhuà	125		
☐ 猕猴桃 míhóutáo	117		
☐ 密码 mìmǎ	77		
☐ 免税 miǎnshuì	59		

Q

☐ 起飞 qǐfēi	89
☐ 铅笔 qiānbǐ	49
☐ 签证 qiānzhèng	59
☐ 青岛 Qīngdǎo	39
☐ 轻 qīng	113
☐ 清楚 qīngchu	24, 54, 55
☐ 全州 Quánzhōu	41

N

☐ 难看 nánkàn	99
☐ 牛 niú	97

R

☐ 让 ràng	99
☐ 扔 rēng	93
☐ 肉 ròu	31
☐ 如果 rúguǒ	11, 14

S

☐ 上海 Shànghǎi	39
☐ 身体 shēntǐ	99
☐ 深圳 Shēnzhèn	39

P

☐ 爬山 pá shān	11

찾아보기

- 生病 shēngbìng … 99
- 省钱 shěngqián … 124
- 省时 shěngshí … 124
- 实体店 shítǐdiàn … 124
- 视频 shìpín … 125
- 首尔 Shǒu'ěr … 67
- 受不了 shòu buliǎo … 83
- 瘦 shòu … 109
- 舒服 shūfu … 99
- 蔬菜 shūcài … 11
- 熟 shú … 41
- 暑假 shǔjià … 31
- 水果 shuǐguǒ … 11
- 死了 sǐ le … 24
- 四川 Sìchuān … 39, 66
- 虽然…但是… suīrán… dànshì… … 14
- 随时 suíshí … 125
- 瘦 shòu … 109
- 送 sòng … 92, 93
- 送…礼物 sòng…lǐwù … 124

T

- 台湾 Táiwān … 39
- 毯子 tǎnzi … 59
- 趟 tàng … 34
- 特别 tèbié … 51
- 踢 tī … 29
- 偷 tōu … 103
- 头疼 tóuténg … 107
- 突然 tūrán … 14
- 兔子 tùzi … 25, 97

W

- 哇 wā … 21
- 外卖 wàimài … 69
- 丸子 wánzi … 41
- 完 wán … 54
- 完成 wánchéng … 79
- 网店 wǎngdiàn … 124
- 网购 wǎnggòu … 124
- 网上 wǎngshàng … 51
- 忘 wàng … 89
- 微信 Wēixìn … 77, 125
- 为了 wèile … 11
- 位置 wèizhi … 79
- 味道 wèidao … 31

X

- 吸尘器 xīchénqì … 87
- 西瓜 xīguā … 117
- 洗衣服 xǐ yīfu … 45
- 洗衣机 xǐyījī … 87
- 下载 xiàzài … 125
- 先…突然… xiān… ranhòu… … 14
- 羡慕 xiànmù … 89
- 香 xiāng … 25
- 香港 Xiānggǎng … 39
- 香蕉 xiāngjiāo … 117
- 橡皮 xiàngpí … 49
- 小说 xiǎoshuō … 25
- 小偷儿 xiǎotōur … 103
- 小小 xiǎoxiāo … 24
- 新浪微博 Xīnlàng wēibó … 77

☐ 星巴克 Xīngbākè	19	
☐ 行李箱 xínglǐxiāng	59, 89	
☐ 熊猫 xióngmāo	97	
☐ 休息 xiūxi	99	
☐ 修 xiū	103	
☐ 修正液 xiūzhèngyè	49	

☐ 又 yòu	11, 14
☐ 羽毛球 yǔmáoqiú	29
☐ 雨 yǔ	99
☐ 语音 yǔyīn	125
☐ 圆珠笔 yuánzhūbǐ	49
☐ 越来越 yuèláiyuè	109
☐ 越…越… yuè… yuè…	109
☐ 运动 yùndòng	11

Y

☐ 眼睛 yǎnjing	21
☐ 羊 yáng	31, 97
☐ 一般 yìbān	67
☐ 一边…一边… yìbiān… yìbiān…	14, 31
☐ 一分钟 yì fēnzhōng	44, 109
☐ 一个月 yí ge yuè	44
☐ 一个星期 yí ge xīngqī	44
☐ 一共 yìgòng	14
☐ 一天 yì tiān	44
☐ 一个小时 yí ge xiǎoshí	44
☐ 一年 yì nián	44
☐ 医院 yīyuàn	99
☐ 医生 yīshēng	99
☐ 已经 yǐjīng	14, 21
☐ 以前 yǐqián	109
☐ 易买得 Yìmǎidé	19
☐ 因为…所以… yīnwèi… suǒyǐ…	11, 14
☐ 饮料 yǐnliào	69
☐ 应该 yīnggāi	79
☐ 用户名 yònghùmíng	77
☐ 优盘 yōupán	51
☐ 游戏 yóuxì	103
☐ 游泳 yóuyǒng	25
☐ 有点儿 yǒudiǎnr	14

Z

☐ 再 zài	14
☐ 在 zài	92
☐ 咱们 zánmen	69
☐ 怎么办 zěnmebàn	21
☐ 张 zhāng	69
☐ 照片 zhàopiàn	21
☐ 这样 zhèyàng	11
☐ 直接 zhíjiē	124
☐ 这次 zhè cì	31
☐ 真 zhēn	14
☐ 真的 zhēn de	31
☐ 珍妮曲奇 zhēnnī qūqí	51
☐ 侄女 zhínǚ	21
☐ 只要 zhǐyào	67
☐ 猪 zhū	97
☐ 主角 zhǔjué	109
☐ 煮 zhǔ	41
☐ 住 zhù	54
☐ 准备 zhǔnbèi	51
☐ 租 zū	89
☐ 足球 zúqiú	29
☐ 最 zuì	14
☐ 最后 zuìhòu	69

인용 자료

계절별 추천 여행지
https://www.shutterstock.com ······ p. 8, 9

Lesson 01
https://www.shutterstock.com ······ p.16, 19

Lesson 02
https://www.shutterstock.com ······ p. 26
http://www.iclickart.co.kr ······ p. 29

Lesson 03
https://www.shutterstock.com ······ p. 36, 39

Lesson 04
https://www.shutterstock.com ······ p. 46
http://www.iclickart.co.kr ······ p. 49

Lesson 05
https://www.shutterstock.com ······ p. 56
http://www.iclickart.co.kr ······ p. 59

복습과 01~05
http://www.iclickart.co.kr ······ p. 62
https://www.shutterstock.com ······ p. 66

Lesson 06
https://www.shutterstock.com ······ p. 74, 77

Lesson 07
https://www.shutterstock.com ······ p. 84
http://www.iclickart.co.kr ······ p. 87

Lesson 08
https://www.shutterstock.com ······ p. 94, 97

Lesson 09
https://www.shutterstock.com ······ p. 104, 107

Lesson 10
https://www.shutterstock.com ······ p. 114
http://www.iclickart.co.kr ······ p. 117

복습과 06~10
http://www.iclickart.co.kr ······ p. 120
https://www.shutterstock.com ······ p. 124

* 위에 언급되지 않은 자료들은 저작자나 출판사가 저작권을 가지고 있습니다.

중국어뱅크

베이식스

초보 탈출 4주 완성 프로젝트!

중국어 STEP 2

김보름 · 김로운 · 김주경 · 서명명 지음

오디오북

따로 분리해서 사용할 수 있습니다.

동양북스

중국어뱅크

베이시스

초보 탈출 4주 완성 프로젝트!

중국어 STEP 2

오디오북

동양북스

오디오북은 이렇게 활용하세요

〈오디오북〉은 등하교 및 출퇴근의 이동 시간을 이용하여 공부하는 분들을 위해 만들어진 책입니다. 휴대할 수 있어 자투리 시간에 회화 공부를 하기에 효과적입니다.

▶▶ **1. 단어**
본문 단어를 다시 한번 들으면서, 외우지 못했던 단어들을 체크하고 자신의 실력을 확인해 보세요.

▶▶ **2. 패턴 회화**
본문 회화 ①, ②를 A, B 순서로 묶어 패턴을 정리하였습니다. 대화를 보면서 천천히 다시 한번 복습해 보세요.

▶▶ **3. 한국어 문장 제시**
우선 한국어 문장을 보고 중국어 문장으로 어떻게 바뀔지 예측하면서 녹음을 들어 보세요. 한국어 문장을 보고 바로 중국어 문장이 떠오른다면, 녹음을 따라 말하는 연습을 하면 더욱 좋습니다. 한국어+중국어 동시 녹음 파일 제공

▶▶ **4. 본문 회화**
다시 한번 회화를 들으며, 빠르게 말하는 연습을 해 보세요. 본 책 음성 파일보다 좀 더 빠른 속도로 녹음한 음성 파일을 제공하고 있습니다. 빠른 속도의 녹음 파일 제공

차례

Lesson 01 **你常常吃快餐吗?** 당신은 자주 패스트푸드를 먹나요? · 3   🎧 MP3 - A - 01~11

Lesson 02 **开得很好。** 운전을 잘해요. · 11   🎧 MP3 - A - 12~21

Lesson 03 **去过一次。** 한 번 가 본 적이 있어요. · 19   🎧 MP3 - A - 22~31

Lesson 04 **要等一个小时。** 1시간 기다려야 해요. · 27   🎧 MP3 - A - 32~41

Lesson 05 **吃光了。** 다 먹었어요. · 35   🎧 MP3 - A - 42~50

Lesson 06 **我带小狗去。** 나는 강아지를 데리고 가요. · 42   🎧 MP3 - A - 51~60

Lesson 07 **都看得懂吗?** 보고 다 이해할 수 있나요? · 50   🎧 MP3 - A - 61~71

Lesson 08 **已经把机票买好了。** 이미 비행기 표를 샀어요. · 58   🎧 MP3 - A - 72~84

Lesson 09 **被雨淋了。** 비를 맞았어요. · 67   🎧 MP3 - A - 85~94

Lesson 10 **她比以前瘦了一点儿。** 그녀는 이전보다 살이 좀 빠졌어요. · 75   🎧 MP3 - A - 95~105

Lesson 01

你常常吃快餐吗? Nǐ chángcháng chī kuàicān ma?
당신은 자주 패스트푸드를 먹나요?

1. 새로 나온 단어를 듣고 따라 하세요. 🎧 MP3-A-01

- ☐ 又 yòu 🔘 또, 다시, 거듭
- ☐ 爬山 pá shān 등산하다
- ☐ 不但…而且… búdàn… érqiě…
  🔘 ~뿐만 아니라 ~도
- ☐ 风景 fēngjǐng 🔘 풍경, 경치
- ☐ 美 měi 🔘 좋다, 훌륭하다
- ☐ 俩 liǎ 🔘 두 사람
- ☐ 因为…所以… yīnwèi… suǒyǐ…
  🔘 ~하기 때문에 ~하다
- ☐ 陪 péi 🔘 모시다, 동반하다
- ☐ 如果 rúguǒ 🔘 만약, 만일
- ☐ 给 gěi 🔘 ~에게
- ☐ 零花钱 línghuāqián 🔘 용돈, 사소한 비용
- ☐ 马上 mǎshàng 🔘 곧, 즉시, 바로
- ☐ 好像 hǎoxiàng 🔘 마치 ~인 것 같다

- ☐ 快餐 kuàicān 🔘 간편 음식, 패스트푸드
- ☐ 可是 kěshì 🔘 그러나, 하지만
- ☐ 常 cháng 🔘 늘, 자주, 항상
- ☐ 当然 dāngrán 🔘 당연히, 물론
- ☐ 为了 wèile 🔘 ~하기 위하여, ~을 위하여
- ☐ 健康 jiànkāng 🔘 건강
- ☐ 蔬菜 shūcài 🔘 채소, 야채
- ☐ 水果 shuǐguǒ 🔘 과일, 과실
- ☐ 这样 zhèyàng 🔘 이렇다, 이와 같다
- ☐ 运动 yùndòng 🔘 운동
- ☐ 坚持 jiānchí 🔘 지속하다, 견지하다
- ☐ 别提了 bié tí le 말도 마라
- ☐ 黄山 Huángshān 🔘 황산

2. 다음 본문의 회화를 듣고 따라 하세요.

패턴 01

🎧 MP3-A-02

A 我爸妈又去爬山了。
Wǒ bà mā yòu qù pá shān le.
우리 아빠, 엄마 또 등산 가셨어.

你看看。他们去了中国的黄山。
Nǐ kànkan.　　Tāmen qùle Zhōngguó de Huángshān.
봐봐. 두 분이 중국 황산에 가셨대.

B 黄山不但高，而且风景也很美啊。
Huángshān búdàn gāo,　érqiě fēngjǐng yě hěn měi a.
황산은 높을 뿐만 아니라 풍경도 정말 아름다워.

他们俩都喜欢爬山吗?
Tāmen liǎ dōu xǐhuan pá shān ma?
두 분 모두 등산을 좋아하시니?

패턴 02

🎧 MP3-A-03

A 因为爸爸喜欢去爬山，
Yīnwèi bàba xǐhuan qù pá shān,
아빠가 등산 가시는 걸 좋아하셔서,

所以妈妈陪他去的。
suǒyǐ māma péi tā qù de.
엄마가 같이 가주시는 거야.

B 你呢?
Nǐ ne?
너는?

패턴 03　　　　　　　　　　　　　　　　　　　　　　　　MP3-A-04

A 如果我爸给我零花钱，
Rúguǒ wǒ bà gěi wǒ línghuāqián,
만약 아빠가 나에게 용돈을 주시면,

我马上就去陪他们。
wǒ mǎshàng jiù qù péi tāmen.
당장 두 분을 모시고 가야지.

패턴 04　　　　　　　　　　　　　　　　　　　　　　　　MP3-A-05

A 小李，你好像不喜欢吃快餐，对吗?
Xiǎo Lǐ, nǐ hǎoxiàng bù xǐhuan chī kuàicān, duì ma?
샤오리, 너 패스트푸드 안 좋아하는 거 같은데, 맞지?

B 我喜欢啊，可是不常吃。
Wǒ xǐhuan a, kěshì bù cháng chī.
좋아해, 그런데 자주 먹지는 않아.

패턴 05

MP3-A-06

A 为什么?
Wèishénme?
왜?

B 当然是为了健康啊。
Dāngrán shì wèile jiànkāng a.
당연히 건강을 위해서지.

我最近吃很多蔬菜和水果。
Wǒ zuìjìn chī hěn duō shūcài hé shuǐguǒ.
나 요즘 야채랑 과일을 많이 먹어.

패턴 06

MP3-A-07

A 这样很好。运动呢?
Zhèyàng hěn hǎo. Yùndòng ne?
그거 좋다. 운동은?

不但要吃好,还要坚持运动。
Búdàn yào chīhǎo, hái yào jiānchí yùndòng.
잘 먹기도 해야 하지만, 또 운동도 꾸준히 해야 해.

B 别提了,我最不喜欢做运动了!
Bié tí le, wǒ zuì bù xǐhuan zuò yùndòng le!
말도 마, 내가 제일 싫어하는 게 운동이잖아!

3. 다음 대화(한글)가 중국어로 어떻게 바뀔지 예측하며 들어 보세요.

🎧 MP3 - A-08

A: 우리 아빠, 엄마 또 등산 가셨어.
봐봐. 두 분이 중국 황산에 가셨대.

B: 황산은 높을 뿐만 아니라 풍경도 정말 아름다워.
두 분 모두 등산을 좋아하시니?

A: 아빠가 등산 가시는 걸 좋아하셔서, 엄마가 같이 가주시는 거야.

B: 너는?

A: 만약 아빠가 나에게 용돈을 주시면, 당장 두 분을 모시고 가야지.

4. 다음 대화를 빠른 속도로 다시 한번 들으면서 따라 하세요.

🎧 MP3 - A-09

A: 我爸妈又去爬山了。
你看看。他们去了中国的黄山。

B: 黄山不但高，而且风景也很美啊。
他们俩都喜欢爬山吗？

A: 因为爸爸喜欢去爬山，所以妈妈陪他去的。

B: 你呢？

A: 如果我爸给我零花钱，我马上就去陪他们。

5. 다음 대화(한글)가 중국어로 어떻게 바뀔지 예측하며 들어 보세요.

🎧 MP3 - A-10

A: 샤오리, 너 패스트푸드 안 좋아하는 거 같은데, 맞지?

B: 좋아해. 그런데 자주 먹지는 않아.

A: 왜?

B: 당연히 건강을 위해서지.
  나 요즘 야채랑 과일을 많이 먹어.

A: 그거 좋다. 운동은?
  잘 먹기도 해야하지만, 또 운동도 꾸준히 해야 해.

B: 말도 마. 내가 제일 싫어하는 게 운동이잖아!

6. 다음 대화를 빠른 속도로 다시 한번 들으면서 따라 하세요.

🎧 MP3-A-11

A: 小李,你好像不喜欢吃快餐,对吗?

B: 我喜欢啊,可是不常吃。

A: 为什么?

B: 当然是为了健康啊。
我最近吃很多蔬菜和水果。

A: 这样很好。运动呢?
不但要吃好,还要坚持运动。

B: 别提了,我最不喜欢做运动了!

Lesson 02

开得很好。 Kāi de hěn hǎo.　운전을 잘해요.

1. 새로 나온 단어를 듣고 따라 하세요. 🎧 MP3-A-12

- □ 过 guò 동 지내다, 보내다
- □ 得 de 조 동사, 형용사 뒤에 쓰여 결과나 정도를 나타내는 보어를 연결함
- □ 还可以 hái kěyǐ 괜찮아, 그런대로
- □ 已经 yǐjīng 부 이미, 벌써
- □ 驾照 jiàzhào 명 운전면허증
- □ 考官 kǎoguān 명 시험 감독관
- □ 兜风 dōufēng 동 드라이브하다, 바람을 쐬다
- □ 婚礼 hūnlǐ 명 결혼식, 혼례
- □ 怎么办 zěnmebàn 어떡하지?, 어쩌지?

- □ 从 cóng 개 ~부터, ~을 기점으로
- □ 得 děi 조동 ~해야 한다
- □ 机场 jīchǎng 명 공항, 비행장
- □ 接 jiē 동 마중하다
- □ 侄女 zhínǚ 명 조카딸(형제자매의 딸)
- □ 长 zhǎng 동 나다, 생기다
- □ 照片 zhàopiàn 명 사진
- □ 哇 wā 의성 와우!, 왜!
- □ 眼睛 yǎnjing 명 눈

2. 다음 본문의 회화를 듣고 따라 하세요.

패턴 01

🎧 MP3 - A-13

A 你最近过得好吗?
Nǐ zuìjìn guò de hǎo ma?
너 요즘 잘 지내니?

B 还可以。你呢? 过得怎么样?
Hái kěyǐ.　　Nǐ ne?　　Guò de zěnmeyàng?
그럭저럭 지내. 너는? 어떻게 지내?

听说你在学开车?
Tīngshuō nǐ zài xué kāichē?
운전 배우고 있다며?

패턴 02

🎧 MP3 - A-14

A 我已经拿到驾照了,
Wǒ yǐjīng nádào jiàzhào le,
면허는 이미 땄고,

考官说我开得很好。
Kǎoguān shuō wǒ kāi de hěn hǎo.
시험 감독관이 나 운전 잘한다고 했어.

B 那我们去兜风吧!
Nà wǒmen qù dōufēng ba!
그럼 우리 드라이브 가자!

패턴 03 MP3-A-15

A 小李，你也参加李部长的婚礼吧?
Xiǎo Lǐ, nǐ yě cānjiā Lǐ bùzhǎng de hūnlǐ ba?
샤오리, 너도 이 부장님 결혼식 참석하지?

B 怎么办? 我不能去了。
Zěnmebàn? Wǒ bù néng qù le.
어떡하지? 나 못 가.

我姐从美国回来，我得去机场接她。
Wǒ jiě cóng Měiguó huílái, wǒ děi qù jīchǎng jiē tā.
언니가 미국에서 와서, 공항에 마중 가야 해.

패턴 04 MP3-A-16

A 那你的侄女也会来吗?
Nà nǐ de zhínǚ yě huì lái ma?
그럼 네 조카도 오겠네?

她长得很可爱吧?
Tā zhǎng de hěn kě'ài ba?
네 조카 귀엽게 생겼지?

B 我给你看看照片。
Wǒ gěi nǐ kànkan zhàopiàn.
내가 사진 보여줄게.

패턴 05   MP3-A-17

A 哇，她眼睛大大的，
Wā, tā yǎnjing dàdà de,
와, 눈이 아주 크고,

长得真可爱。
zhǎng de zhēn kě'ài.
정말 귀엽게 생겼다.

3. 다음 대화(한글)가 중국어로 어떻게 바뀔지 예측하며 들어 보세요.

🎧 MP3-A-18

A: 너 요즘 잘 지내니?

B: 그럭저럭 지내. 너는? 어떻게 지내? 운전 배우고 있다며?

A: 면허는 이미 땄고, 시험 감독관이 나 운전 잘한다고 했어.

B: 그럼 우리 드라이브 가자!

4. 다음 대화를 빠른 속도로 다시 한번 들으면서 따라 하세요.

🎧 MP3-A-19

A: 你最近过得好吗?

B: 还可以。你呢?过得怎么样?
听说你在学开车?

A: 我已经拿到驾照了,考官说我开得很好。

B: 那我们去兜风吧!

5. 다음 대화(한글)가 중국어로 어떻게 바뀔지 예측하며 들어 보세요.

🎧 MP3 - A-20

A: 샤오리, 너도 이 부장님 결혼식 참석하지?

B: 어떡하지? 나 못 가.
언니가 미국에서 와서, 공항에 마중 가야 해.

A: 그럼 네 조카도 오겠네. 네 조카 귀엽게 생겼지?

B: 내가 사진 보여줄게.

A: 와, 눈이 아주 크고, 정말 귀엽게 생겼다.

6. 다음 대화를 빠른 속도로 다시 한번 들으면서 따라 하세요.

🎧 MP3-A-21

A: 小李，你也参加李部长的婚礼吧？

B: 怎么办？我不能去了。
我姐从美国回来，我得去机场接她。

A: 那你的侄女也会来吗？她长得很可爱吧？

B: 我给你看看照片。

A: 哇，她眼睛大大的，长得真可爱。

Lesson 03 去过一次。 Qùguo yí cì.
한 번 가 본 적이 있어요.

1. 새로 나온 단어를 듣고 따라 하세요. 🎧 MP3 - A-22

- 暑假 shǔjià 명 여름 방학, 여름 휴가
- 还 hái 부 여전히, 아직도
- 这次 zhè cì 이번, 금번
- 真的 zhēn de 정말로
- 打算 dǎsuàn 동 ~할 생각이다(작정이다)
- 不过 búguò 접 그러나
- 哈哈 hāhā 의성 하하(웃음 소리)
- 羊 yáng 명 양
- 肉 ròu 명 고기

- 串儿 chuànr 명 꼬치
- 味道 wèidao 명 맛
- 不错 búcuò 형 좋다, 괜찮다, 잘하다
- 地道 dìdao 형 진짜의, 본고장의
- 一边…一边… yìbiān… yìbiān… 부 ~하면서 ~하다
- 烤 kǎo 동 (불에 쬐어) 말리다, 굽다
- 上海 Shànghǎi 고유 상하이
- 迪士尼乐园 Díshìní Lèyuán 고유 디즈니랜드

2. 다음 본문의 회화를 듣고 따라 하세요.

패턴 01

MP3-A-23

A 这个暑假你要做什么?
Zhège shǔjià nǐ yào zuò shénme?
이번 여름 휴가 때 뭐 할 거야?

B 我还没去过中国,
Wǒ hái méi qùguo Zhōngguó,
나 아직 중국에 가 본 적이 없어서,

所以这次我想去上海。
suǒyǐ zhè cì wǒ xiǎng qù Shànghǎi.
이번에 상하이에 갈 생각이야.

패턴 02

MP3-A-24

A 真的吗? 我也打算去上海。
Zhēn de ma? Wǒ yě dǎsuàn qù Shànghǎi.
진짜? 나도 상하이에 가려고 하는데.

B 你已经去过很多次了吧?
Nǐ yǐjīng qùguo hěn duō cì le ba?
너 이미 많이 가 봤잖아.

패턴 03

MP3 – A-25

A 对，不过我还没去过迪士尼乐园呢。
Duì, búguò wǒ hái méi qùguo Díshìní Lèyuán ne.
맞아, 그런데 디즈니랜드는 아직 안 가 봤거든.

哈哈。
Hāhā.
하하.

패턴 04

MP3 – A-26

A 你吃过羊肉串儿吗?
Nǐ chīguo yángròu chuànr ma?
너 양꼬치 먹어 봤어?

B 我一次也没吃过羊肉。
Wǒ yí cì yě méi chīguo yángròu.
양고기 한 번도 안 먹어 봤어.

味道怎么样?
Wèidao zěnmeyàng?
맛이 어때?

Lesson 03 去过一次。 한 번 가 본 적이 있어요. **21**

패턴 05　　　　　　　　　　　　　　　MP3-A-27

A　很不错！ 那家的中国菜很地道。
　　　Hěn búcuò!　　Nà jiā de Zhōngguócài hěn dìdao.
　　　정말 맛있어! 저 집의 중국 요리가 제대로야.

　　　一边烤一边吃。 你会喜欢的。
　　　Yìbiān kǎo yìbiān chī.　　Nǐ huì xǐhuan de.
　　　구우면서 먹는 건데, 네가 분명 좋아할 거야.

B　那我们去那儿吃吧。 我也想尝一尝。
　　　Nà wǒmen qù nàr chī ba.　　Wǒ yě xiǎng cháng yi cháng.
　　　그럼 우리 거기 가서 먹자. 나도 한번 먹어 보고 싶어.

3. 다음 대화(한글)가 중국어로 어떻게 바뀔지 예측하며 들어 보세요.

🎧 MP3 - A-28

A: 이번 여름 휴가 때 뭐 할 거야?

B: 나 아직 중국에 가 본 적이 없어서, 이번에 상하이에 갈 생각이야.

A: 진짜? 나도 상하이에 가려고 하는데.

B: 너 이미 많이 가 봤잖아.

A: 맞아, 그런데 디즈니랜드는 아직 안 가 봤거든. 하하.

4. 다음 대화를 빠른 속도로 다시 한번 들으면서 따라 하세요.

🎧 MP3 - A-29

A: 这个暑假你要做什么?

B: 我还没去过中国,所以这次我想去上海。

A: 真的吗? 我也打算去上海。

B: 你已经去过很多次了吧?

A: 对,不过我还没去过迪士尼乐园呢。哈哈。

5. 다음 대화(한글)가 중국어로 어떻게 바뀔지 예측하며 들어 보세요.

🎧 MP3 - A-30

A: 너 양꼬치 먹어 봤어?

B: 양고기 한 번도 안 먹어 봤어. 맛이 어때?

A: 정말 맛있어! 저 집의 중국 요리가 제대로야.
   구우면서 먹는 건데, 네가 분명 좋아할 거야.

B: 그럼 우리 거기 가서 먹자. 나도 한번 먹어 보고 싶어.

6. 다음 대화를 빠른 속도로 다시 한번 들으면서 따라 하세요.

🎧 MP3-A-31

A: 你吃过羊肉串儿吗?

B: 我一次也没吃过羊肉。味道怎么样?

A: 很不错！那家的中国菜很地道。
一边烤一边吃。你会喜欢的。

B: 那我们去那儿吃吧。我也想尝一尝。

Lesson 04

要等一个小时。
Yào děng yí ge xiǎoshí.
1시간 기다려야 해요.

1. 새로 나온 단어를 듣고 따라 하세요. 🎧 MP3-A-32

- ☐ 排队 páiduì 동 줄을 서다, 정렬하다
- ☐ 多久 duō jiǔ 얼마나 오래, 얼마 동안
- ☐ 大概 dàgài 부 아마, 대개
- ☐ 第 dì 접두 (수사 앞에서) 제
- ☐ 红汤火锅 hóngtāng huǒguō 명 매운 국물 훠궈(중국식 샤브샤브)
- ☐ 丸子 wánzi 명 (요리의) 완자
- ☐ 熟 shú 형 (음식이) 익다

- ☐ 煮 zhǔ 동 삶다, 끓이다, 익히다
- ☐ 结婚 jiéhūn 동 결혼하다
- ☐ 堵车 dǔchē 동 교통이 막히다, 교통이 체증되다
- ☐ 才 cái 부 ~(가 되어)서야, 비로소(일의 발생이나 결말이 늦음을 나타냄)
- ☐ 开心 kāixīn 형 기쁘다
- ☐ 全州 Quánzhōu 고유 전주

2. 다음 본문의 회화를 듣고 따라 하세요.

패턴 01

🎧 MP3 - A-33

A 请在这儿排队。
Qǐng zài zhèr páiduì.
여기 줄을 서 주세요.

B 得等多久?
Děi děng duō jiǔ?
얼마나 기다려야 해요?

패턴 02

🎧 MP3 - A-34

A 大概要等一个小时。
Dàgài yào děng yí ge xiǎoshí.
1시간 정도요.

패턴 03

B 我第一次吃红汤火锅。太好吃了。
Wǒ dìyī cì chī hóngtāng huǒguō. Tài hǎochī le.
나 매운 국물 훠궈 처음 먹어 봐. 너무 맛있다.

C 慢慢儿吃。丸子还没熟。
Mànmānr chī. Wánzi hái méi shú.
천천히 먹어. 완자 아직 안 익었어.

多煮几分钟吧。
Duō zhǔ jǐ fēnzhōng ba.
몇 분 더 익히자.

패턴 04

A 小李，周末做什么了？
Xiǎo Lǐ, zhōumò zuò shénme le?
샤오리, 주말에 뭐 했어?

B 去年我的一个中国朋友跟韩国人结婚了。
Qùnián wǒ de yí ge Zhōngguó péngyou gēn Hánguórén jiéhūn le.
작년에 내 중국인 친구가 한국 사람과 결혼했거든.

他们现在住在全州，我去找她玩儿了。
Tāmen xiànzài zhù zài Quánzhōu, wǒ qù zhǎo tā wánr le.
그들은 지금 전주에 살고 있어서, 그녀를 찾아가서 놀았어.

패턴 05

🎧 MP3-A-37

A 我也想去全州玩儿。没堵车吗?
Wǒ yě xiǎng qù Quánzhōu wánr. Méi dǔchē ma?
나도 전주 놀러 가고 싶다. 차 안 막혔어?

B 当然堵了。
Dāngrán dǔ le.
당연히 막혔지.

虽然开了六个小时的车才到,
Suīrán kāile liù ge xiǎoshí de chē cái dào,
6시간 운전해서 겨우 도착했는데,

不过我们玩儿得很开心。
búguò wǒmen wánr de hěn kāixīn.
너무 재미있었어.

3. 다음 대화(한글)가 중국어로 어떻게 바뀔지 예측하며 들어 보세요.

🎧 MP3 - A-38

A: 여기 줄을 서 주세요.

B: 얼마나 기다려야 해요?

A: 1시간 정도요.

B: 나 매운 국물 훠궈 처음 먹어 봐. 너무 맛있다.

C: 천천히 먹어. 완자 아직 안 익었어. 몇 분 더 익히자.

4. 다음 대화를 빠른 속도로 다시 한번 들으면서 따라 하세요.

🎧 MP3 - A-39

A: 请在这儿排队。

B: 得等多久?

A: 大概要等一个小时。

B: 我第一次吃红汤火锅。太好吃了。

C: 慢慢儿吃。丸子还没熟。多煮几分钟吧。

5. 다음 대화(한글)가 중국어로 어떻게 바뀔지 예측하며 들어 보세요.

🎧 MP3 - A-40

A: 샤오리, 주말에 뭐 했어?

B: 작년에 내 중국인 친구가 한국 사람과 결혼했거든. 그들은 지금 전주에 살고 있어서, 그녀를 찾아가서 놀았어.

A: 나도 전주 놀러 가고 싶다. 차 안 막혔어?

B: 당연히 막혔지. 6시간 운전해서 겨우 도착했는데, 너무 재미있었어.

6. 다음 대화를 빠른 속도로 다시 한번 들으면서 따라 하세요.

🎧 MP3 – A-41

A: 小李，周末做什么了？

B: 去年我的一个中国朋友跟韩国人结婚了。他们现在住在全州，我去找她玩儿了。

A: 我也想去全州玩儿。没堵车吗？

B: 当然堵了。虽然开了六个小时的车才到，不过我们玩儿得很开心。

Lesson 05

吃光了。 Chīguāng le. 다 먹었어요.

1. 새로 나온 단어를 듣고 따라 하세요. 🎧 MP3 - A-42

- ☐ 珍妮曲奇 zhēnnī qūqí 명 제니 쿠키
- ☐ 网上 wǎngshàng 명 온라인, 인터넷
- ☐ 盒 hé 양 갑(작은 상자 등을 셀 때 쓰임)
- ☐ 光 guāng 형 조금도 남지 않다
- ☐ 特别 tèbié 부 특별히, 아주
- ☐ 准备 zhǔnbèi 동 준비하다
- ☐ 哎呀 āiyā 감 (유감) 아이고!, 저런!, (놀람) 왜!, 야!
- ☐ 优盘 yōupán 명 USB(유에스비)
- ☐ 会议室 huìyìshì 명 회의실
- ☐ 可能 kěnéng 부 아마도, 아마

2. 다음 본문의 회화를 듣고 따라 하세요.

패턴 01

🎧 MP3-A-43

A 这是你说的珍妮曲奇吧？给你。
Zhè shì nǐ shuō de zhēnnī qūqí ba? Gěi nǐ.
이게 네가 말한 제니쿠키지? 너에게 줄게.

B 谢谢你。在哪儿买的？
Xièxie nǐ. Zài nǎr mǎi de?
고마워. 어디서 산 거야?

패턴 02

🎧 MP3-A-44

A 在网上买到的。
Zài wǎngshàng mǎidào de.
인터넷에서 샀지.

我买了两盒，一盒已经吃光了。
Wǒ mǎile liǎng hé, yì hé yǐjīng chīguāng le.
두 상자 샀는데, 한 상자는 벌써 다 먹어 버렸어.

B 那个特别好吃。
Nàge tèbié hǎochī.
그거 진짜 맛있어.

패턴 03

A 金代理，你要去中国出差了吧?
Jīn dàilǐ, nǐ yào qù Zhōngguó chūchāi le ba?
김 대리, 곧 중국으로 출장 가지?

都准备好了吗?
Dōu zhǔnbèi hǎo le ma?
준비는 다 했어?

B 还没准备好。
Hái méi zhǔnbèi hǎo.
아직 준비 다 못 했어.

哎呀，你看到我的优盘了吗?
Āiyā, nǐ kàndào wǒ de yōupán le ma?
아휴, 혹시 내 USB 봤어?

패턴 04

A 刚才在会议室看见了一个优盘，
Gāngcái zài huìyìshì kànjiàn yí le ge yōupán,
방금 회의실에서 USB를 봤는데,

可能是你的。
kěnéng shì nǐ de.
아마 네 것일지 몰라.

不知道是不是你要找的，去看看吧。
Bù zhīdào shì bu shì nǐ yào zhǎo de, qù kànkan ba.
네가 찾는 것인지 아닌지는 모르겠는데, 한번 가서 봐봐.

3. 다음 대화(한글)가 중국어로 어떻게 바뀔지 예측하며 들어 보세요.

🎧 MP3-A-47

A: 이게 네가 말한 제니쿠키지? 너에게 줄게.

B: 고마워, 어디서 산 거야?

A: 인터넷에서 샀지.
두 상자 샀는데, 한 상자는 벌써 다 먹어 버렸어.

B: 그거 진짜 맛있어.

4. 다음 대화를 빠른 속도로 다시 한번 들으면서 따라 하세요.

🎧 MP3-A-48

A: 这是你说的珍妮曲奇吧？给你。

B: 谢谢你。在哪儿买的?

A: 在网上买到的。
我买了两盒，一盒已经吃光了。

B: 那个特别好吃。

5. 다음 대화(한글)가 중국어로 어떻게 바뀔지 예측하며 들어 보세요.

🎧 MP3 - A-49

A: 김 대리, 곧 중국으로 출장 가지? 준비는 다 했어?

B: 아직 준비 다 못 했어. 아휴, 혹시 내 USB 봤어?

A: 방금 회의실에서 USB를 봤는데, 아마 네 것일지 몰라.
   네가 찾는 것인지 아닌지는 잘 모르겠는데,
   한번 가서 봐봐.

6. 다음 대화를 빠른 속도로 다시 한번 들으면서 따라 하세요.

🎧 MP3 – A-50

A: 金代理，你要去中国出差了吧？都准备好了吗？

B: 还没准备好。哎呀，你看到我的优盘了吗？

A: 刚才在会议室看见了一个优盘，可能是你的。
不知道是不是你要找的，去看看吧。

Lesson 06

我带小狗去。 Wǒ dài xiǎogǒu qù.
나는 강아지를 데리고 가요.

1. 새로 나온 단어를 듣고 따라 하세요. 🎧 MP3-A-51

- 咱们 zánmen [대] 우리(들)
- 公园 gōngyuán [명] 공원
- 带 dài [동] (몸에) 지니다, 휴대하다, 가지다
- 东西 dōngxi [명] 물건, 사물, 물품
- 外卖 wàimài [명] 포장 판매하는 식품
- 好主意 hǎo zhǔyi 좋은 생각이야
- 拍 pāi [동] (사진을) 찍다, 촬영하다
- 发 fā [동] 보내다, 발송하다
- 最后 zuìhòu [명] 최후, 제일 마지막
- 张 zhāng [양] 장(종이나 가죽을 세는 단위)
- 饮料 yǐnliào [명] 음료
- 后面 hòumiàn [명] 뒤, 뒤쪽
- 汉江 Hànjiāng [고유] 한강

2. 다음 본문의 회화를 듣고 따라 하세요.

패턴 01

🎧 MP3 – A-52

A 天气这么好，
Tiānqì zhème hǎo,
날씨가 이렇게 좋은데,

咱们下午去汉江公园玩儿，怎么样?
Zánmen xiàwǔ qù Hànjiāng gōngyuán wánr, zěnmeyàng?
우리 오후에 한강공원에 가서 놀자, 어때?

B 好啊! 带我的小狗去，可以吗?
Hǎo a! Dài wǒ de xiǎogǒu qù, kěyǐ ma?
좋아! 우리 강아지 데려가도 될까?

패턴 02

🎧 MP3 – A-53

A 当然可以。吃的东西别带了。
Dāngrán kěyǐ. Chī de dōngxi bié dài le.
당연히 되지. 먹을 건 가지고 오지 마.

我们在那儿叫外卖吧。
Wǒmen zài nàr jiào wàimài ba.
우리 거기서 시켜 먹자.

B 好主意!
Hǎo zhǔyi!
좋은 생각이야!

패턴 03 🎧 MP3-A-54

A 昨天我们在汉江公园拍的照片发给我。
Zuótiān wǒmen zài Hànjiāng gōngyuán pāi de zhàopiàn fā gěi wǒ.
어제 우리 한강공원에서 찍은 사진 나한테 좀 보내줘.

B 好，马上给你发过去。
Hǎo, mǎshàng gěi nǐ fā guòqù.
알겠어, 금방 너한테 보내줄게.

패턴 04 🎧 MP3-A-55

A 最后一张你什么时候拍的?
Zuìhòu yì zhāng nǐ shénme shíhou pāi de?
너 제일 마지막 사진은 언제 찍은 거야?

我想起来了! 那时你不是去买饮料了吗?
Wǒ xiǎng qǐlái le! Nà shí nǐ bú shì qù mǎi yǐnliào le ma?
나 생각 났어! 그때 너 음료수 사러 가지 않았어?

B 我走回来时看见你跟小狗玩儿，
Wǒ zǒu huílái shí kànjiàn nǐ gēn xiǎogǒu wánr,
내가 돌아왔을 때 네가 강아지와 놀고 있는 걸 보고

在后面拍的。
zài hòumiàn pāi de.
뒤에서 찍은 거야.

패턴 05

A 拍得真好看。
Pāi de zhēn hǎokàn.
정말 잘 찍었다.

3. 다음 대화(한글)가 중국어로 어떻게 바뀔지 예측하며 들어 보세요.

🎧 MP3 - A - 57

A: 날씨가 이렇게 좋은데,
우리 오후에 한강공원에 가서 놀자, 어때?

B: 좋아! 우리 강아지 데려가도 될까?

A: 당연히 되지. 먹을 건 가지고 오지 마.
우리 거기서 시켜 먹자.

B: 좋은 생각이야!

4. 다음 대화를 빠른 속도로 다시 한번 들으면서 따라 하세요.

🎧 MP3 – A-58

A: 天气这么好,
咱们下午去汉江公园玩儿,怎么样?

B: 好啊!带我的小狗去,可以吗?

A: 当然可以。吃的东西别带了。
我们在那儿叫外卖吧。

B: 好主意!

5. 다음 대화(한글)가 중국어로 어떻게 바뀔지 예측하며 들어 보세요.

🎧 MP3 - A-59

A: 어제 우리 한강공원에서 찍은 사진 나한테 좀 보내줘.

B: 알겠어. 금방 너한테 보내줄게.

A: 너 제일 마지막 사진은 언제 찍은 거야?
나 생각 났어! 그때 너 음료수 사러 가지 않았어?

B: 내가 돌아왔을 때 네가 강아지와 놀고 있는 걸 보고 뒤에서 찍은 거야.

A: 정말 잘 찍었다.

6. 다음 대화를 빠른 속도로 다시 한번 들으면서 따라 하세요.

🎧 MP3 - A-60

A: 昨天我们在汉江公园拍的照片发给我。

B: 好，马上给你发过去。

A: 最后一张你什么时候拍的?
我想起来了！那时你不是去买饮料了吗?

B: 我走回来时看见你跟小狗玩儿，
在后面拍的。

A: 拍得真好看。

Lesson 07

都看得懂吗？
Dōu kàn de dǒng ma?
보고 다 이해할 수 있나요?

1. 새로 나온 단어를 듣고 따라 하세요. 🎧 MP3 - A-61

- 换 huàn [동] 바꾸다, 교체하다
- 位置 wèizhi [명] 위치
- 刚才 gāngcái [명] 지금 막, 방금
- 完成 wánchéng [동] 완성하다, 끝내다, 완수하다

- 加班 jiābān [동] 초과근무를 하다, 야근하다
- 应该 yīnggāi [조동] 마땅히 ～해야 한다, 응당 ～할 것이다
- 来得及 láidejí [동] 늦지 않다
- 长滩岛 Chángtāndǎo [고유] 보라카이

2. 다음 본문의 회화를 듣고 따라 하세요.

패턴 01

🎧 MP3 - A-62

A 你看得见吗?
Nǐ kàn de jiàn ma?
너 보이니?

B 爸爸，前边的人太高了，我看不见。
Bàba, qiánbian de rén tài gāo le, wǒ kàn bu jiàn.
아빠, 앞 사람이 너무 커서, 잘 안 보여요.

패턴 02

🎧 MP3 - A-63

A 那跟我换位置吧。
Nà gēn wǒ huàn wèizhi ba.
그럼 나랑 자리 바꾸자.

B 谢谢爸爸，现在看得见了，
Xièxie bàba, xiànzài kàn de jiàn le,
고마워요 아빠, 이제 잘 보일 뿐 아니라,

而且看得很清楚。
érqiě kàn de hěn qīngchu.
또렷하게 보여요.

패턴 03　　　　　　　　　　　　　　　　　　　　🎧 MP3-A-64

A 刚才的电影怎么样，都看得懂吗?
Gāngcái de diànyǐng zěnmeyàng, dōu kàn de dǒng ma?
방금 영화 어때? 보고 다 이해했니?

B 那当然，我汉语很好的。真有意思。
Nà dāngrán, wǒ Hànyǔ hěn hǎo de. Zhēn yǒu yìsi.
그럼 당연하죠, 저 중국어 잘해요. 정말 재미있어요.

패턴 04　　　　　　　　　　　　　　　　　　　　🎧 MP3-A-65

A 小李，这个暑假你打算做什么?
Xiǎo Lǐ, zhège shǔjià nǐ dǎsuàn zuò shénme?
샤오리, 이번 여름 휴가 때 뭐 할 거야?

B 我想去长滩岛玩儿。
Wǒ xiǎng qù Chángtāndǎo wánr.
보라카이에 가서 놀 생각이야.

패턴 05

🎧 MP3 - A-66

A 真好，我还没想好要去哪儿玩儿呢。
Zhēn hǎo, wǒ hái méi xiǎnghǎo yào qù nǎr wánr ne.
좋겠다, 나는 아직 어디 가서 놀아야 할지 생각을 못 했어.

B 先做好工作再想着玩儿吧。
Xiān zuòhǎo gōngzuò zài xiǎngzhe wánr ba.
먼저 일을 끝내 놓고 놀 일은 다시 생각해 봐.

下班前如果完不成，又要加班了。
Xiàbān qián rúguǒ wán bu chéng, yòu yào jiābān le.
만일 퇴근 전에 일이 다 안 끝나면, 또 야근해야 해.

패턴 06

🎧 MP3 - A-67

A 还有两个小时呢，
Hái yǒu liǎng ge xiǎoshí ne,
아직 2시간이나 남았으니,

应该来得及的。
yīnggāi láidejí de.
제시간에 맞출 수 있을 거야.

3. 다음 대화(한글)가 중국어로 어떻게 바뀔지 예측하며 들어 보세요.

🎧 MP3 - A-68

A: 너 보이니?

B: 아빠, 앞 사람이 너무 커서, 잘 안 보여요.

A: 그럼 나랑 자리 바꾸자.

B: 고마워요 아빠, 이제 잘 보일 뿐 아니라, 또렷하게 보여요.

A: 방금 영화 어때? 보고 다 이해했니?

B: 그럼 당연하죠, 저 중국어 잘해요. 정말 재미있어요.

4. 다음 대화를 빠른 속도로 다시 한번 들으면서 따라 하세요.

🎧 MP3-A-69

A: 你看得见吗?

B: 爸爸，前边的人太高了，我看不见。

A: 那跟我换位置吧。

B: 谢谢爸爸，现在看得见了，而且看得很清楚。

A: 刚才的电影怎么样，都看得懂吗?

B: 那当然，我汉语很好的。真有意思。

5. 다음 대화(한글)가 중국어로 어떻게 바뀔지 예측하며 들어 보세요.

🎧 MP3 - A-70

A: 샤오리, 이번 여름 휴가 때 뭐 할 거야?

B: 보라카이에 가서 놀 생각이야.

A: 좋겠다, 나는 아직 어디 가서 놀아야 할지 생각을 못 했어.

B: 먼저 일을 끝내 놓고 놀 일은 다시 생각해 봐.
만일 퇴근 전에 일이 다 안 끝나면, 또 야근해야 해.

A: 아직 2시간이나 남았으니, 제시간에 맞출 수 있을 거야.

6. 다음 대화를 빠른 속도로 다시 한번 들으면서 따라 하세요.

🎧 MP3 - A-71

A: 小李，这个暑假你打算做什么？

B: 我想去长滩岛玩儿。

A: 真好，我还没想好要去哪儿玩儿呢。

B: 先做好工作再想着玩儿吧。
下班前如果完不成，又要加班了。

A: 还有两个小时呢，应该来得及的。

Lesson 08

已经把机票买好了。
Yǐjīng bǎ jīpiào mǎihǎo le.
이미 비행기 표를 샀어요.

1. 새로 나온 단어를 듣고 따라 하세요. 🎧 MP3 - A-72

- 春节 ChūnJié 명 설, 춘절
- 过年 guònián 동 새해를 맞다, 설을 쇠다
- 机票 jīpiào 명 비행기 표
- 把 bǎ 개 ~으로, ~을(를)
- 租 zū 동 빌리다, 임차하다
- 羡慕 xiànmù 동 부러워하다
- 国际 guójì 명 국제

- 护照 hùzhào 명 여권
- 行李箱 xínglixiāng 명 여행용 가방
- 帮 bāng 동 돕다
- 出门 chūmén 동 외출하다
- 忘 wàng 동 잊다
- 起飞 qǐfēi 동 이륙하다
- 关岛 Guāndǎo 고유 괌

2. 다음 본문의 회화를 듣고 따라 하세요.

패턴 01
🎧 MP3 - A - 73

A 快到春节了!
Kuài dào ChūnJié le!
곧 설이네!

过年时我要带家人去关岛旅游。
Guònián shí wǒ yào dài jiārén qù Guāndǎo lǚyóu.
새해에 나는 가족과 함께 괌으로 여행을 가려고 해.

B 机票难买吧?
Jīpiào nán mǎi ba?
비행기 표 사기 어렵지?

패턴 02
🎧 MP3 - A - 74

A 上个月我已经把机票买好了。
Shàng ge yuè wǒ yǐjīng bǎ jīpiào mǎihǎo le.
지난 달에 이미 비행기 표를 샀지.

车也租好了。
Chē yě zūhǎo le.
차도 빌렸어.

B 真羡慕你。我没有国际驾照。
Zhēn xiànmù nǐ. Wǒ méiyǒu guójì jiàzhào.
정말 부럽다. 나는 국제운전면허증 없는데.

패턴 03 🎧 MP3 - A-75

A 没关系。
Méi guānxi.
괜찮아.

你可以把你的驾照带过去用。
Nǐ kěyǐ bǎ nǐ de jiàzhào dài guòqù yòng.
네 운전면허증 가지고 가서 쓰면 돼.

패턴 04 🎧 MP3 - A-76

儿子 我的护照不见了，怎么办？
Wǒ de hùzhào bú jiàn le, zěnmebàn?
제 여권이 안 보여요, 어떡하죠?

妈妈 你把护照放在哪儿了？
Nǐ bǎ hùzhào fàng zài nǎr le?
너 여권을 어디에 두었니?

패턴 05

🎧 MP3-A-77

儿子 应该放在包里了，可是找不到。
Yīnggāi fàng zài bāo li le, kěshì zhǎo bu dào.
분명 가방 안에 뒀는데, 못 찾겠어요.

妈妈 可能在行李箱里，你把行李箱给我，
Kěnéng zài xínglixiāng li, nǐ bǎ xínglixiāng gěi wǒ,
혹시 여행 가방 안에 있을지 모르니, 네 여행 가방을 나에게 주렴.

我帮你找找。
wǒ bāng nǐ zhǎozhao.
내가 한번 찾아볼게.

패턴 06

🎧 MP3 A-78

爸爸 你的护照在我这儿呢。
Nǐ de hùzhào zài wǒ zhèr ne.
네 여권 여기 있어.

儿子 什么？
Shénme?
뭐라고요?

Lesson 08 已经把机票买好了。 이미 비행기 표를 샀어요. **61**

패턴 07

🎧 MP3-A-79

爸爸 出门前你把护照给我了，你忘了吗?
Chūmén qián nǐ bǎ hùzhào gěi wǒ le, nǐ wàngle ma?
출발하기 전에 네가 여권을 나에게 주었잖니, 너 잊어버린 거니?

儿子 啊? 想起来了。
Á? Xiǎng qǐlái le.
아! 생각났어요.

패턴 08

🎧 MP3-A-80

爸爸 飞机要起飞了，快走吧。
Fēijī yào qǐfēi le, kuài zǒu ba.
비행기가 곧 이륙할 예정이니 서둘러 가자.

3. 다음 대화(한글)가 중국어로 어떻게 바뀔지 예측하며 들어 보세요.

🎧 MP3-A-81

A: 곧 설이네! 새해에 나는 가족과 함께 괌으로 여행을 가려고 해.

B: 비행기 표 사기 어렵지?

A: 지난 달에 이미 비행기 표를 샀지. 차도 빌렸어.

B: 정말 부럽다. 나는 국제운전면허증 없는데.

A: 괜찮아. 네 운전면허증 가지고 가서 쓰면 돼.

4. 다음 대화를 빠른 속도로 다시 한번 들으면서 따라 하세요.

🎧 MP3 - A-82

A: 快到春节了！过年时我要带家人去关岛旅游。

B: 机票难买吧？

A: 上个月我已经把机票买好了。车也租好了。

B: 真羡慕你。我没有国际驾照。

A: 没关系。你可以把你的驾照带过去用。

5. 다음 대화(한글)가 중국어로 어떻게 바뀔지 예측하며 들어 보세요.

🎧 MP3 - A-83

아들: 제 여권이 안 보여요, 어떡하죠?

엄마: 너 여권을 어디에 두었니?

아들: 분명 가방 안에 뒀는데, 못 찾겠어요.

엄마: 혹시 여행 가방 안에 있을지 모르니,
네 여행 가방을 나에게 주렴. 내가 한번 찾아볼게.

아빠: 네 여권 여기 있어.

아들: 뭐라고요?

아빠: 출발하기 전에 네가 여권을 나에게 주었잖니,
너 잊어버린 거니?

아들: 아! 생각났어요.

아빠: 비행기가 곧 이륙할 예정이니, 서둘러 가자.

6. 다음 대화를 빠른 속도로 다시 한번 들으면서 따라 하세요.

 MP3 - A-84

儿子: 我的护照不见了，怎么办？

妈妈: 你把护照放在哪儿了？

儿子: 应该放在包里了，可是找不到。

妈妈: 可能在行李箱里，
　　　你把行李箱给我，我帮你找找。

爸爸: 你的护照在我这儿呢。

儿子: 什么？

爸爸: 出门前你把护照给我了，你忘了吗？

儿子: 啊？想起来了。

爸爸: 飞机要起飞了，快走吧。

Lesson 09

被雨淋了。 Bèi yǔ lín le.   비를 맞았어요.

1. 새로 나온 단어를 듣고 따라 하세요. 🎧 MP3-A-85

- 脸色 liǎnsè 명 안색, 낯빛, 얼굴색
- 难看 nánkàn 형 좋지 않다, 정상이 아니다
- 身体 shēntǐ 명 몸, 신체
- 舒服 shūfu 형 편안하다, 안락하다
- 被 bèi 개 ~에게 ~을 당하다
- 雨 yǔ 명 비
- 淋 lín 동 (물이나 액체에) 젖다

- 感冒 gǎnmào 동 감기에 걸리다
- 医院 yīyuàn 명 병원
- 医生 yīshēng 명 의사
- 让 ràng 동 ~하도록 시키다, ~하게 하다
- 休息 xiūxi 동 휴식을 취하다, 쉬다
- 生病 shēngbìng 동 병나다, 병에 걸리다

2. 다음 본문의 회화를 듣고 따라 하세요.

패턴 01　　　　　　　　　　　　　　　　　　　　　　MP3-A-86

A 你脸色怎么这么难看,
Nǐ liǎnsè zěnme zhème nánkàn,
너 안색이 왜 이렇게 안 좋아,

身体不舒服吗?
shēntǐ bù shūfu ma?
몸이 안 좋니?

B 是啊, 昨天被雨淋了, 感冒了。
Shì a, zuótiān bèi yǔ lín le, gǎnmào le.
응, 어제 비를 맞아서 감기에 걸렸어.

패턴 02　　　　　　　　　　　　　　　　　　　　　　MP3-A-87

A 我觉得你得去医院看看。
Wǒ juéde nǐ děi qù yīyuàn kànkan.
내 생각에는 너 병원에 가보는 게 좋겠어.

B 已经去过了。
Yǐjīng qùguo le.
이미 갔었어.

医生让我多喝水, 好好儿休息。
Yīshēng ràng wǒ duō hē shuǐ, hǎohāor xiūxi.
의사가 나보고 물 많이 마시고, 푹 쉬래.

패턴 03

A 怎么办？昨天穿的衣服是我姐姐的。
Zěnmebàn? Zuótiān chuān de yīfu shì wǒ jiějie de.
어떡하지? 어제 입은 옷 우리 언니 거야.

B 被雨淋的那件吗？
Bèi yǔ lín de nà jiàn ma?
비에 젖은 그 옷?

패턴 04

A 是。还没被姐姐看到。
Shì. Hái méi bèi jiějie kàndào.
응. 아직 언니한테는 들키지 않았어.

B 那你快把衣服洗干净啊。
Nà nǐ kuài bǎ yīfu xǐ gānjìng a.
그럼 너 빨리 옷을 깨끗하게 세탁해.

패턴 05   MP3-A-90

A 我不是生病了吗？你帮帮我吧。
Wǒ bú shì shēngbìng le ma? Nǐ bāngbang wǒ ba.
나 병난 거 모르니? 네가 좀 도와줘.

3. 다음 대화(한글)가 중국어로 어떻게 바뀔지 예측하며 들어 보세요.

🎧 MP3 – A-91

A: 너 안색이 왜 이렇게 안 좋아, 몸이 안 좋니?

B: 응, 어제 비를 맞아서 감기에 걸렸어.

A: 내 생각에는 너 병원에 가보는 게 좋겠어.

B: 이미 갔었어. 의사가 나보고 물 많이 마시고, 푹 쉬래.

4. 다음 대화를 빠른 속도로 다시 한번 들으면서 따라 하세요.

🎧 MP3-A-92

A: 你脸色怎么这么难看，身体不舒服吗?

B: 是啊，昨天被雨淋了，感冒了。

A: 我觉得你得去医院看看。

B: 已经去过了。医生让我多喝水，好好儿休息。

5. 다음 대화(한글)가 중국어로 어떻게 바뀔지 예측하며 들어 보세요.

🎧 MP3 - A-93

A: 어떡하지? 어제 입은 옷 우리 언니 거야.

B: 비에 젖은 그 옷?

A: 응. 아직 언니한테는 들키지 않았어.

B: 그럼 너 빨리 옷을 깨끗하게 세탁해.

A: 나 병난 거 모르니? 네가 좀 도와줘.

6. 다음 대화를 빠른 속도로 다시 한번 들으면서 따라 하세요.

🎧 MP3-A-94

A: 怎么办？昨天穿的衣服是我姐姐的。

B: 被雨淋的那件吗？

A: 是。还没被姐姐看到。

B: 那你快把衣服洗干净啊。

A: 我不是生病了吗？你帮帮我吧。

Lesson 10

她比以前瘦了一点儿。
Tā bǐ yǐqián shòu le yìdiǎnr.
그녀는 이전보다 살이 좀 빠졌어요.

1. 새로 나온 단어를 듣고 따라 하세요. 🎧 MP3-A-95

- ☐ 电视剧 diànshìjù 몡 드라마
- ☐ 越…越… yuè… yuè… ~할수록 ~하다
- ☐ 主角 zhǔjué 몡 주연, 주인공
- ☐ 越来越 yuèláiyuè 점점, 더욱더
- ☐ 比 bǐ 개 ~에 비해, ~보다
- ☐ 以前 yǐqián 몡 예전, 이전

- ☐ 瘦 shòu 혱 마르다, 여위다
- ☐ 怪不得 guàibude 븟 과연, 어쩐지
- ☐ 减肥 jiǎnféi 동 살을 빼다, 다이어트를 하다
- ☐ 变 biàn 동 변하다, 이전과 다르다
- ☐ 加油 jiāyóu 동 격려하다, 힘을 내다
- ☐ 不一样 bù yíyàng 같지 않다

2. 다음 본문의 회화를 듣고 따라 하세요.

패턴 01 🎧 MP3 - A-96

A 我最近在看中国电视剧，
Wǒ zuìjìn zài kàn Zhōngguó diànshìjù,
나 최근에 중국 드라마를 보고 있는데,

那部电视剧越看越有意思。
nà bù diànshìjù yuè kàn yuè yǒu yìsi.
그 드라마 보면 볼수록 점점 재미있어.

B 是啊，我也在看呢。
Shì a, wǒ yě zài kàn ne.
맞아, 나도 보고 있어.

女主角越来越漂亮了。
Nǚ zhǔjué yuèláiyuè piàoliang le.
여주인공은 보면 볼수록 예뻐져.

패턴 02 🎧 MP3 - A-97

A 她好像比以前瘦了一点儿。
Tā hǎoxiàng bǐ yǐqián shòu le yìdiǎnr.
그녀는 이전보다 살이 좀 빠진 것 같아.

B 怪不得，她比以前漂亮多了。
Guàibude, tā bǐ yǐqián piàoliang duō le.
어쩐지, 이전보다 훨씬 예뻐졌어.

패턴 03

🎧 MP3-A-98

A 我也要做运动减肥，然后变漂亮！
Wǒ yě yào zuò yùndòng jiǎnféi, ránhòu biàn piàoliang!
나도 운동해서 다이어트 하면, 예뻐지겠지!

B 你加油！
Nǐ jiāyóu!
파이팅!

패턴 04

🎧 MP3-A-99

A 你走得太快了。 慢一点儿吧。
Nǐ zǒu de tài kuài le. Màn yìdiǎnr ba.
너 진짜 빨리 걷는다. 좀 천천히 가자.

B 是吗？我爸爸走得比我快，
Shì ma? Wǒ bàba zǒu de bǐ wǒ kuài,
정말? 우리 아빠 걸으시는 게 나보다 빨리 걸으시고,

我弟比我爸还快。
wǒ dì bǐ wǒ bà hái kuài.
남동생이 우리 아빠보다 더 빨라.

跟他们比，我是最慢的。
Gēn tāmen bǐ, wǒ shì zuì màn de.
그들에 비하면, 내가 제일 느려.

패턴 05

A 那你妈妈呢?
Nà nǐ māma ne?
그럼 너희 엄마는?

B 我妈妈没有我快。
Wǒ māma méiyǒu wǒ kuài.
우리 엄마는 나만큼 빠르진 않으셔.

패턴 06

A 我家跟你们不一样。
Wǒ jiā gēn nǐmen bù yíyàng.
우리 집은 너희랑 달라.

在我家我妈妈走得最快。
Zài wǒ jiā wǒ māma zǒu de zuì kuài.
우리 집에서는 우리 엄마가 제일 빨리 걸으셔.

3. 다음 대화(한글)가 중국어로 어떻게 바뀔지 예측하며 들어 보세요.

🎧 MP3-A-102

A: 나 최근에 중국 드라마를 보고 있는데,
그 드라마 보면 볼수록 점점 재미있어.

B: 맞아, 나도 보고 있어. 여주인공은 보면 볼수록 예뻐져.

A: 그녀는 이전보다 살이 좀 빠진 것 같아.

B: 어쩐지, 이전보다 훨씬 예뻐졌어.

A: 나도 운동해서 다이어트 하면, 예뻐지겠지!

B: 파이팅!

4. 다음 대화를 빠른 속도로 다시 한번 들으면서 따라 하세요.

🎧 MP3 - A-103

A: 我最近在看中国电视剧,
那部电视剧越看越有意思。

B: 是啊,我也在看呢。女主角越来越漂亮了。

A: 她好像比以前瘦了一点儿。

B: 怪不得,比以前漂亮多了。

A: 我也要做运动减肥,然后变漂亮!

B: 你加油!

5. 다음 대화(한글)가 중국어로 어떻게 바뀔지 예측하며 들어 보세요.

🎧 MP3-A-104

A: 너 진짜 빨리 걷는다. 좀 천천히 가자.

B: 정말? 우리 아빠 걸으시는 게 나보다 빨리 걸으시고,
남동생이 우리 아빠보다 더 빨라. 그들에 비하면, 내가 제일 느려.

A: 그럼, 너희 엄마는?

B: 우리 엄마는 나보다 빠르진 않으셔.

A: 우리 집은 너희랑 달라.
우리 집에서는 우리 엄마가 제일 빨리 걸으셔.

6. 다음 대화를 빠른 속도로 다시 한번 들으면서 따라 하세요.

🎧 MP3 - A-105

A: 你走得太快了。慢一点儿吧。

B: 是吗？我爸爸走得比我快，我弟比我爸还快。
跟他们比，我是最慢的。

A: 那你妈妈呢？

B: 我妈妈没有我快。

A: 我家跟你们不一样。
在我家我妈妈走得最快。

www.dongyangbooks.com (웹사이트)
m.dongyangbooks.com (모바일)

중국어뱅크
베이식스
초보 탈출 4주 완성 프로젝트!
중국어 STEP 2
오디오북

이름

외국어 출판 40년의 신뢰
외국어 전문 출판 그룹
동양북스가 만드는 책은 다릅니다.

40년의 쉼 없는 노력과 도전으로 책 만들기에 최선을 다해온 동양북스는
오늘도 미래의 가치에 투자하고 있습니다.
대한민국의 내일을 생각하는 도전 정신과 믿음으로 최선을 다하겠습니다.

동양북스 추천 교재

일본어 교재의 최강자, 동양북스 추천 교재

회화 코스북

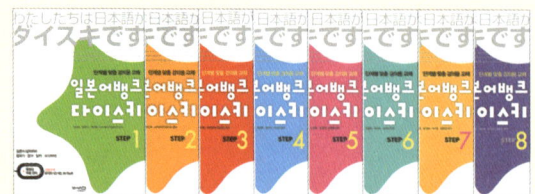
일본어뱅크 다이스키
STEP 1·2·3·4·5·6·7·8

일본어뱅크
New 스타일 일본어 회화
1·2·3

일본어뱅크 도모다찌
STEP 1·2·3

분야서

일본어뱅크
NEW 스타일 일본어 문법

일본어뱅크
일본어 작문 초급

일본어뱅크
사진과 함께하는
일본 문화

일본어뱅크
항공 서비스 일본어

가장 쉬운 독학
일본어 현지회화

수험서

일취월장 JPT
독해·청해

일취월장 JPT
실전 모의고사 500·700

新일본어능력시험
실전적중 문제집 문자·어휘 N1·N2
실전적중 문제집 문법 N1·N2

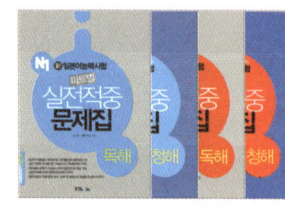
新일본어능력시험
실전적중 문제집 독해 N1·N2
실전적중 문제집 청해 N1·N2

단어·한자

특허받은
일본어 한자 암기박사

일본어 상용한자 2136
이거 하나면 끝!

일본어뱅크
New 스타일 일본어 한자 1·2

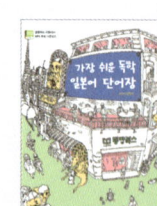
가장 쉬운 독학
일본어 단어장

중국어 교재의 최강자, 동양북스 추천 교재

중국어뱅크 북경대학 한어구어
1·2·3·4·5·6

중국어뱅크 스마트중국어
STEP 1·2·3·4

중국어뱅크 뉴스타일중국어
STEP 1·2

중국어뱅크
문화중국어 1·2

중국어뱅크
관광 중국어 1·2

중국어뱅크
여행 중국어

중국어뱅크
호텔 중국어

중국어뱅크
판매 중국어

중국어뱅크
항공 서비스 중국어

중국어뱅크
의료관광 중국어

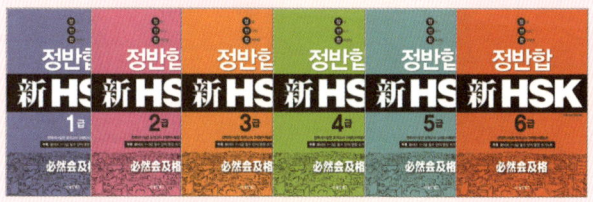
정반합 新HSK
1급·2급·3급·4급·5급·6급

버전업! 新HSK 한 권이면 끝
3급·4급·5급·6급

버전업! 新HSK VOCA 5급·6급

가장 쉬운 독학 중국어 단어장

중국어뱅크
중국어 간체자 1000

특허받은
중국어 한자 암기박사

📖 동양북스 추천 교재

기타외국어 교재의 최강자, 동양북스 추천 교재

중고급 학습

| 첫걸음 끝내고 보는 프랑스어 중고급의 모든 것 | 첫걸음 끝내고 보는 스페인어 중고급의 모든 것 | 첫걸음 끝내고 보는 독일어 중고급의 모든 것 | 첫걸음 끝내고 보는 태국어 중고급의 모든 것 |

단어장

  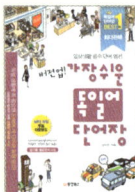

버전업! 가장 쉬운 프랑스어 단어장 / 버전업! 가장 쉬운 스페인어 단어장 / 버전업! 가장 쉬운 독일어 단어장

여행회화

     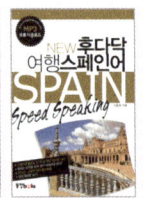  

NEW 후다닥 여행 중국어 / NEW 후다닥 여행 일본어 / NEW 후다닥 여행 영어 / NEW 후다닥 여행 독일어 / NEW 후다닥 여행 프랑스어 / NEW 후다닥 여행 스페인어 / NEW 후다닥 여행 베트남어 / NEW 후다닥 여행 태국어

수험서·교재

한 권으로 끝내는 DELE 어휘·쓰기·관용구편 (B2~C1) / 수능 기초 베트남어 한 권이면 끝! / 버전업! 스마트 프랑스어